新时代"大思政课"系列丛书 （第二辑）

丛书主编 邢云文

张巍 任祝景 等——编

"声入人心"学生
理论宣讲团讲稿精编

青年讲 青年听

U0653658

上海交通大學出版社
SHANGHAI JIAO TONG UNIVERSITY PRESS

内容提要

上海交通大学"声入人心"宣讲团学生理论宣讲团是以马克思主义学院研究生为主体、包含文理医工等学科学生的理论社团。该宣讲团以宣传、宣讲党的创新理论为使命,广泛深入大中小学、企事业单位、党政机关、基层社区等开展宣讲活动。本书以该宣讲团精选讲稿为基础内容,还介绍了该宣讲团的顶层设计、队伍建设等内容,展现相关工作成果。

图书在版编目(CIP)数据

青年讲 青年听 :"声入人心"学生理论宣讲团讲稿精编 / 张巍等编. -- 上海 : 上海交通大学出版社, 2025. 5. --(新时代"大思政课"系列丛书). -- ISBN 978-7-313-32148-0

Ⅰ. D432.62

中国国家版本馆 CIP 数据核字第 2025B83Z37 号

青年讲 青年听
——"声入人心"学生理论宣讲团讲稿精编
QINGNIAN JIANG QINGNIAN TING
——"SHENGRURENXIN" XUESHENG LILUN XUANJIANGTUAN JIANGGAO JINGBIAN

编 者:	张 巍 任祝景 等		
出版发行:	上海交通大学出版社	地 址:	上海市番禺路 951 号
邮政编码:	200030	电 话:	021 - 64071208
印 制:	上海新艺印刷有限公司	经 销:	全国新华书店
开 本:	880 mm×1230 mm 1/32	印 张:	4.625
字 数:	99 千字		
版 次:	2025 年 5 月第 1 版	印 次:	2025 年 5 月第 1 次印刷
书 号:	ISBN 978 - 7 - 313 - 32148 - 0		
定 价:	48.00 元		

本书编写组

主编

张　巍　任祝景

成员
（按姓氏笔画排序）

王　强　刘　伟　李瑞奇　杨波怡
沈辛成　胡涵锦　贾鹏飞　赖　瑞

丛书序言

2021年全国"两会"期间,习近平总书记在看望参加全国政协会议的医药卫生界教育界委员时,对时任上海交通大学校长林忠钦院士关于"大思政课"的建议作出回应时指出:"'大思政课'我们要善用之,一定要跟现实结合起来。"

善用"大思政课",必须准确把握其"大"的特点,不断丰富"大思政课"的内容、途径、载体,有效凝聚学校、区域、社会协同育人的强大合力。上海交通大学深入贯彻习近平总书记重要指示精神,强化问题导向和系统思维,持续构建大中小学一体化、校内外一体化、知信行一体化的"大思政课"工作格局,推动上海"大思政课"建设整体试验区(上海交通大学-闵行区)建设走深走实。一方面,充分发掘党的创新理论与新时代伟大社会实践中蕴含的丰富育人资源,把学校小课堂与社会大课堂贯通起来。以学校的理论优势、知识优势、人才优势辐射试验区,将试验区联合单位在新时代改革创新中的鲜活实践提升到理论层面,转化为生动的育人资源,打造大学牵引、区域联动、大中小学贯通的"大思政课"建设大系统。另一方面,明确"大思政课"建设是一个协同育人的整体性工程,注重顶层设计和整体规划。破除传统思政课教学、教材、教师的思维定式,对教育理念、内容、方法、载体等进行系统性改革和全方位重塑,减少各部门各自为战的情况,逐步形成"大课堂""大平台""大师资"建设的内生动力和实践机制。

本套丛书是上海"大思政课"建设整体试验区(上海交通大学-闵行区)的工作成果,由多位长期从事思政教育的资深专家、身处教学一线的青年教师等共同编纂撰写,内容涵盖了系统性的教研思考和针对性的对策建议,准确把握思政课程与课程思政建设的内涵要求,创新探索场馆育人、空间育人、实践育人等外延领域,体现了学校课堂与社会"大课堂"的有效衔接、理论课本与鲜活"大教材"的有机统一、教学循环与育人"大循环"的有力协同。希望丛书的出版,能够为进一步深化新时代"大思政课"建设理论和实践研究提供借鉴,为着力培养担当民族复兴大任的时代新人贡献交大经验和交大智慧。

2024 年 2 月 29 日

引　言

　　2022年7月，教育部等十部门印发的《全面推进"大思政课"建设的工作方案》中指出："高校要紧扣思政课实践教学目标和要求，利用志愿服务、理论宣讲、社会调研等实践活动，开展实践教学。"积极引导广大青年投身理论宣讲工作，做到"以讲促学，以学促讲"，实现"学"与"讲"的有机统一，有效发挥朋辈宣讲人的引领作用，是推动广大青年深入学习党的创新理论、增进中国特色社会主义制度优势认同的重要方式。

　　上海交通大学始终将做好学生理论宣讲工作视为建设好"大思政课"的重要法宝，大力支持上海交通大学"声入人心"宣讲团学生理论宣讲团（下称"声入人心"宣讲团）建设，培养了一批优秀讲师，打造了一批优质课程，并与一批企事业单位、大中小学建立了扎实的合作关系，汇聚了一批热爱理论宣讲、扎实理论学习的青年学子，使该宣讲团成为社会各界广泛认可的理论宣讲先进集体、广受学生欢迎的理论研习大课堂，为学校、上海乃至全国"大思政课"建设贡献了青春力量。

　　党的二十大胜利召开后，"声入人心"宣讲团坚持以习近平新时代中国特色社会主义思想为指导，根据学习宣传贯彻党的二十大精神的要求，第一时间开展丰富的集体学习活动，动员来自不同专业的青年讲师充分发挥自己的专业特长,在专家学者们的悉心指导下,打造了一批精品宣讲课程,并在校内外宣讲的过程中广受好评。在全党深入开展学习贯彻习近平新时代中国特色社会主义思想主题教育之际,"声入人心"宣讲团紧紧围绕落实党中央决策部署,持续打磨宣讲课程,广泛开展宣讲实践,推动课程质量再上新台阶。

为全面总结"声入人心"宣讲团在长期发展中取得的成果和经验,为读者提供善用理论宣讲推进"大思政课"建设的参考借鉴,我们特编撰本书,作为"大思政课"系列丛书的重要组成部分。本书的卷首篇旨在概括介绍"声入人心"宣讲团建设情况呈现有关经验。历史篇、青春篇、上交篇三个篇章构成了全书主体内容,以宣讲稿的形式为读者呈现部分精品宣讲课程,并在每篇宣讲稿后辅以宣讲者手记,呈现课程设计思路、讲师风采及其对理论宣讲的思考,展现党的创新理论的青年化阐释思路。其中,历史篇回顾了中国共产党的初心与使命,强调坚守复兴正道与守望相助的精神,展现了红旗渠精神等红色精神的传承,以及自我革命与绿色发展的理念;青春篇聚焦新时代青年的责任与担当,从青春逐梦到乡村振兴,再到科技自立自强,展现了青年人的活力与贡献;上交篇则突出了上海交通大学在现代化征程中的贡献,通过洱海保护、精神图腾、高质量发展等故事,展现了交大人的责任与担当。全书最后的附录系统总结了"声入人心"宣讲团几年来所作的努力以及相关成果。

在过去的几年里,"声入人心"宣讲团通过一系列创新实践与深入思考,力求将党的理论知识以更加生动、形象、接地气的方式呈现给广大青年学生。宣讲团利用微信公众号、短视频平台等新媒体平台推出了理论微课堂、红色故事分享等一系列内容，让理论学习更加便捷、高效。同时，宣讲团还积极组织线下活动，如大学生讲思政课大赛、知识竞赛、参演话剧等，通过多样化的形式，让青年学生在参与中感悟理论的力量，增强学习的趣味性和实效性。未来，宣讲团成员们将积极总结经验教训，不断优化宣讲方案，努力提升宣讲效果，注重将党的理论与青年学生的实际生活相结合，用青年学生听得懂、喜欢听的语言和方式，讲述党的故事、传播党的声音。

在本书的编纂历程中，宣讲团的成员们满怀热忱，积极贡献宝贵稿件，而指导老师则以严谨的态度，对每一份讲稿进行精心雕琢与反复修订。鉴于这些讲稿保留了大量学生宣讲的个人特色，其中难免存在不周之处。对此，我们将不断深入学习、研究、总结、提升。

展望未来，我们将持续强化宣讲团的建设，不仅要提升成员的政治理论素养与宣讲技巧，还将致力于拓宽宣讲的边界与影响力。通过创新宣讲模式，融合线上线下平台，我们将党的声音以更加鲜活、贴近青年学生的方式传递出去，以期使党的理论精髓深入人心，覆盖更广泛的青年群体。

目　录

砥砺奋进新时代
坚毅笃行谱新篇

　　"声入人心"宣讲团初创于 2018 年,正式成立于 2020 年 5 月,是以上海交通大学马克思主义学院研究生为主体、包含文理医工等各学科学生的学生理论社团。"声入人心"宣讲团以宣传、宣讲党的创新理论为使命,充分发挥青年学生在理论宣讲中的专业优势,充分利用上海作为党的诞生地所特有的宣讲资源,广泛深入大中小学、企事业单位、党政机关、基层社区开展宣讲活动,以青春之声传播理论之魂,推动习近平新时代中国特色社会主义思想走进大众、深入人心。

　　"声入人心"宣讲团自成立以来,深入宣传阐释习近平总书记系列重要讲话精神,围绕党史学习教育、党的二十大精神等开展了系列宣讲活动,在上海市乃至全国范围都产生了积极反响,获评中宣部"全国基层理论宣讲先进集体"荣誉称号,成为上海交大学生理论宣讲的金字招牌。"声入人心"宣讲团作为推进大思政课一体化建设的先行者持续多维度探索,巧妙结合理论之"信"与实践之"行",把握时代脉搏、感悟思想伟力,为宣讲好党的创新理论持续贡献青年力量。

一、在"真信真行"中推动理论"声入人心"

"声入人心"宣讲团成员争做"真学、真懂、真信、真用"的排头兵,推动党的创新理论"下沉"到广大青年学生中。

（一）以"信"为首要,让理论深入己心

"声入人心"宣讲团的前提是在"真学真信"中让理论深入己心。习近平总书记指出:"坚持以马克思主义为指导,首先要解决真懂真信的问题。"[①]宣传党的创新理论成果,也是每一个宣讲团成员自我学习、自我进步、自我提升的过程。对党的创新理论的"真信",包含着一个可信、相信、自信的逻辑。只有自己先对党的创新理论学深悟透理论,才能讲好理论。我们党历来注重思想建党、理论强党。党的二十大报告指出:"用党的科学理论武装青年,用党的初心使命感召青年,做青年朋友的知心人、青年工作的热心人、青年群众的引路人。"开展理论宣讲,既要学深学懂党的创新理论,又要把思想理论转化为精神信仰,从心底树立坚定的理论自信,真正做到"让有信仰的人讲信仰"。

因此,"声入人心"宣讲团坚持在学习中筑牢信仰之基、补足精神之钙、把稳思想之舵,自觉修炼理论"内功";坚持原原本本学,达到凝心铸魂、筑牢根本的作用,站稳政治立场;坚持问题导向和实践导向,切忌空洞宣传和理论说教,突显理论的现实价值。勤于理论学习、善于理论学习,才能夯实理论宣传的基础,既使理论"声入己心",又能"理直气壮"讲出真道理。

---

① 习近平:《在哲学社会科学工作座谈会上的讲话》,人民出版社,2016 年,第11 页。

（二）做到"真信真行"，发出青年声音

理论创新每向前一步，理论武装就要跟进一步，理论宣传也要更进一步。党的创新理论内容恢宏、思想深邃，如果照本宣科，群众难免会感到晦涩难懂。把理论讲好、讲透、讲实是一项具有挑战性的任务，这要求我们每一位青年讲师不断深化学习，提升理论素养和宣讲本领，也要求我们在自己宣讲的专题中必须先学一步，深悟一分，消化理解，用接地气、沾泥土的语言宣讲，把习近平新时代中国特色社会主义思想的重大理论观点和重大战略思想讲清楚、讲明白，让群众听得懂、记得住。

"真信真行"就是要推动理论宣讲走进大众、深入人心，使理论入耳入脑入心。"声入人心"宣讲团要求每一位讲师都要以"真信真行"为目标，力争成为政治素质过硬、理论功底扎实、学术素养出众、表达能力突出的"宣讲标兵"，既要做党的创新理论的学习者和宣传者，更要做马克思主义的捍卫者和践行者，敢于在实践中和各种错误思潮作斗争，廓清思想迷雾，保持政治定力。

"真信真行"是一个长期实践探索的过程，伴随着理论的深入传播而逐渐清晰。宣讲和学习是一个相互促进、同向提升的过程，对讲师而言，宣讲也是一个自我教育的过程。"声入人心"宣讲团注重创新传播策略、表现形式、叙事方法、语言风格，针对社会关注的热点、群众关心的痛点问题，及时解惑释疑，引导群众更加深入领会党的创新理论、坚定拥护党的领导，不断巩固党的执政根基。"声入人心"宣讲团还致力于持续提高宣讲的原创性、落座率，力争"有意义与有意思""宣讲教育与自我教育"相结合，讲出青年特色和交大风采。

二、当好新时代党的创新理论青年化的先行者

宣讲者"来自青年",与青年人"同呼吸、共命运",这是学生理论宣讲团的特点和优势。在开展宣讲的过程中,要充分发挥"领头雁"作用,在青年学生群体中掀起理论学习的热潮。

（一）扎实学习原文,推动党的创新理论内化于心

要原原本本学理论,扎扎实实读原文。习近平总书记强调:"学习理论最有效的办法是读原著、学原文、悟原理,强读强记,常学常新,往深里走、往实里走、往心里走。"①"声入人心"宣讲团在备课过程中坚持以习近平新时代中国特色社会主义思想为指导,全面贯彻党的二十大精神,聚焦用党的创新理论武装全党、教育人民这个首要政治任务,围绕在新的历史起点上继续推动文化繁荣、建设文化强国、建设中华民族现代文明这一新的文化使命,坚定文化自信,秉持开放包容,坚持守正创新,力争为推进党的创新理论入脑入心贡献自己的力量。

"声入人心"宣讲团坚持在学原文中悟原理,全面系统领会新时代党的理论创新成果。在《改造我们的学习》中,毛泽东指出应"凭客观存在的事实,详细地占有材料,在马克思列宁主义一般原理的指导下,从这些材料中引出正确的结论"②。在备课和宣讲中,这种学习方法对于学好习近平新时代中国特色社会主义思想尤为重要。习近平新时代中国特色社会主义思想是当代中国马克思主义、21世纪马克思主义,是中华文化和中国精神的时代精华。它深刻回答了新的历史条件下党和国家事业发

---

① 习近平:《论党的宣传思想工作》,中央文献出版社,2020年,第360页。
② 毛泽东:《毛泽东选集(第三卷)》,人民出版社,1991年,第801页。

展的一系列重大理论和实践问题，进一步丰富发展了党的理论和路线方针政策，对工作提出了更具时代特点的新要求。因此，宣讲团要求讲师首先要深入把握习近平新时代中国特色社会主义思想的核心要义、精神实质、丰富内涵、实践要求，不断增进政治认同、思想认同、理论认同、情感认同。其次，要结合党史、新中国史、改革开放史、社会主义发展史、中华民族发展史来学，通过点、线、面的连通汇合，打牢思想基础，构筑结构严密的知识逻辑体系。

"声入人心"宣讲团系统把握习近平新时代中国特色社会主义思想的世界观和方法论，在学原文中出新知，在理论结合实际过程中把握思想精髓。"声入人心"宣讲团坚持认识与实践相结合、理论与实际相联系、改造主观世界与改造客观世界相统一的一贯要求，努力达到"学思想、强党性、重实践、建新功"的要求。全面学习领会习近平新时代中国特色社会主义思想，就要全面系统掌握这一思想的基本观点、科学体系，把握好这一思想的世界观、方法论，坚持好、运用好贯穿其中的立场观点方法。必须坚持人民至上、必须坚持自信自立、必须坚持守正创新、必须坚持问题导向、必须坚持系统观念、必须坚持胸怀天下，这"六个必须坚持"是习近平新时代中国特色社会主义思想的立场观点方法的重要体现。只有准确把握包括"六个必须坚持"在内的习近平新时代中国特色社会主义思想的立场观点方法，才能真正把马克思主义看家本领学到手，认识问题才站得高，分析问题才看得深，开展宣讲工作也才能把得准。在学原文的过程中，要通过反复研读、仔细琢磨、深入思考学、联系实际学，努力掌握这一重要思想的世界观、方法论。在理论与实践的贯通中真正做到知其然更知其所以然、真学真信真用。

（二）感悟思想真谛，在把握"两个大局"中领会理论要义

习近平新时代中国特色社会主义思想是一个系统完备的思想理论体系，必须立足时代背景从整体上进行把握，与现实情况相结合进行融会贯通。

"声入人心"宣讲团从"历时"的维度把握习近平新时代中国特色社会主义思想的生成发展，在历史观照中回应思想难点。一个思想理论体系有其自在的发展过程，要注重从历史视域出发，厘清习近平新时代中国特色社会主义思想生成发展的脉络，讲清楚这一重要思想与党的其他思想理论成果之间的关联。"声入人心"宣讲团善于运用历史素材和典故来回应当前社会的发展问题和难点，用广大青年听得懂、喜欢听的话语和案例来阐释深邃的理论思想。

"声入人心"宣讲团从"共时"的维度理解习近平新时代中国特色社会主义思想的现实背景，用现实成就来印证思想伟力。进入新时代后，党和国家事业取得历史性成就、发生历史性变革，最根本的原因在于有习近平总书记作为党中央的核心、全党的核心掌舵领航，在于有习近平新时代中国特色社会主义思想的科学指引。当前，世界百年未有之大变局加速演变，中华民族伟大复兴正进入爬坡过坎的关键阶段，时代渴望听到青年人的声音。"声入人心"宣讲团立足青年视角观察时代发展，将中国大地上的生动故事同党的创新理论巧妙结合，用青年人喜闻乐见的方式宣讲思想理论成果。

（三）强化理论引领，在奋发实干中汲取真理力量

"声入人心"宣讲团强调讲师要练就理论宣讲的看家本领。

对宣讲团成员来说,马克思主义这个看家本领掌握得越牢靠,政治站位就越高,政治判断力就越强,对问题的分析就更透彻。习近平总书记指出:"理论阐释要以深入研究为基础,研究深入,阐释才能透彻。"①"声入人心"宣讲团鼓励讲师在理论学习中坚持问题导向,深入思考宣讲备课中的重点和难点,奔着问题去、带着问题学、对着问题想,切实把鲜活的思想讲鲜活,把彻底的理论讲彻底,以强化理论学习推动备课工作的火热开展,以强化理论学习促进理论宣讲的提质增效。

"声入人心"宣讲团激励讲师要争做青年群体的榜样标杆。要使理论宣讲具有说服力、感召力,宣讲人自身就必须有过硬的本领和素养。不管是在理论宣讲还是日常学习生活中,宣讲团成员既做青年之友,关心青年群体的思想动态,更争做青年榜样,在宣讲中带动身边同学向先进看齐、践行思想。"榜样的力量是无穷的。""声入人心"宣讲团希望每一位宣讲团成员都能够在先进思想的宣讲中自己首先努力成为先进,成为上海交大青年群体的新风尚。

三、把理论讲"活"、讲"透"、讲"实",使理论深入人心

（一）把理论讲"活",彰显理论的生命力

理论宣讲归根结底是做人的思想工作,主要是用理论的智慧让人受教、用真理的力量让人信服、用深入浅出的阐释为人解惑、用喜闻乐见的方式让人接受。

---

① 中央党校(国家行政学院)习近平新时代中国特色社会主义思想研究中心:《深入推进新时代党的创新理论体系化研究和学理化阐释》,《人民日报》2023 年 10 月 11 日,第 9 版。

"声入人心"宣讲团在增强主体的感染力上下大功夫。学生理论宣讲团是一支青年的队伍，天然具有昂扬向上的精神风貌，因此讲师一定要把青年人的青春形象显现出来。"声入人心"宣讲团讲师发挥来自一线、源自生活、最接地气的优势，用通俗易懂、明白晓畅的话语讲述党的方针政策。"声入人心"宣讲团还要求讲师注重专业素养的提升，创新形式，连接资源，充分利用主题教育相关慕课、文章、视频等，全面、系统、深入学习党的创新理论以及时事政策、专业知识、宣讲技巧等，不断提升理论素养和宣讲技能，凝聚奋进力量。

"声入人心"宣讲团在增强内容的针对性上下苦功夫。讲师面对不同的群体，务必对宣讲的内容有所选择，注重贴近宣讲对象思想实际，抓住社会热点，走好群众路线，深入了解群众所思所想、所困所惑，把宣讲的过程变成答疑解惑、解决实际问题的过程，使理论宣讲因事而化、入脑入心。讲师在宣讲中把握异质性、彰显差异化，针对不同的受众群体选择合适的内容和手段，善抓宣讲点，善于通俗化，善用互联网，让理论宣讲实起来、活起来、强起来，才能做到"有的放矢""命中靶心"。

"声入人心"宣讲团在增强方式的生动性上下细功夫。努力做到宣讲者与受众交心共情，切实将知识的潮涌转化为思想的暖流，使宣讲拥有穿透力，既有理论的深度、宏观的阐述，又有微观的解读，让理论宣讲的"朋友圈"越来越大，实现一人现场听课、十人百人受益的良好效果，让党的声音传得更响亮、调得更妥帖、听着更舒畅，让理论宣讲真正在青年群众当中走心、走实、走深。

（二）把理论讲"透"，阐明理论的深刻性

"打铁必须自身硬"，讲好的前提是学好。"声入人心"宣讲团要求讲师坚持先学一步,深刻领悟思想的理论含量、精神能量、实践力量。

既要勤学,也要勤思,兼顾学习与思考。只有勤于学习、勤于思考,才能先行弄懂理论的深刻意蕴,为讲好理论奠定基础。"声入人心"宣讲团坚持学思用贯通、知信行统一,定期开展专题备课、技能培训和集体备课活动。优质的宣讲不是一蹴而就的,是需要不断学习、思考、打磨最终逐渐成形的。讲师在备课、磨课的过程中需要认真思考三个问题:如何做到授课内容与学生生活紧密结合,聚焦大学生思想认识中的困惑、学习生活中的迷茫、行为选择中的困境,提高授课内容的针对性,增强认同感和获得感?如何做到问题讲解与社会实际相结合,将理论视野投注到社会热点、焦点当中,做到以理服人、以事实服人?如何将理论传播与互联网时代背景相结合,针对新媒体受众心理特征和认知特点有针对性地备课?只有通过对内容的不断打磨与审思,讲者的胸中之火才能燎起听者的炽热之心。

既要善作,更要善成,贯通理论与实践。一场优质的理论宣讲不以形式、规模为衡量标准,而取决于受众是否真正将理论内化于心、外化于行,使理论成为指导实践推动工作的强大动力。缺少理论魅力和精神内涵的宣讲犹如一潭死水,无法激起一点浪花。"声入人心"宣讲团要求讲师在宣讲过程中要贯彻历史和现实、理论和实践、国际和国内相互对照的办法,从整体到局部再从局部到整体对宣讲内容进行反复揣摩,将理论的"盐"融入宣讲的"汤"中,引导听众切实感知马克思主义真理力量和实践力量、切实增强自觉贯彻落实党的创新理论的坚定性,让理论宣讲更有力、更有魂。

（三）把理论讲"实"，昭示理论的现实性

理论宣讲要避免沦为空洞的思想说教，就必须联系实际讲、立足问题讲，突显理论的现实意义。

要联系实际讲，讲出理论的现实解释力。理论宣讲切忌空谈大道理，尤其是面向青年群体的宣讲，更要求做到言之有物、言之有理。任何思想理论的产生都有其现实基础和实践指向性。在宣讲过程中，既要把理论中蕴含的道理讲清楚，更要引导广大青年受众学会用理论思维去分析现实、解释现实和改造现实，使思想理论通过宣讲落地生根。

要立足问题讲，讲出理论的科学指导性。党的二十大报告指出，问题是时代的声音，回答并指导解决问题是理论的根本任务。理论宣讲时要避免"空对空"，就需要从问题出发对理论进行阐发，体现理论对于我们解决社会问题的科学指导意义。面对中国之问、世界之问、人民之问、时代之问，如果墨守成规、思想僵化，没有理论创新的勇气，党和国家的事业就无法继续前进。这些问题就是马克思主义中国化时代化在当代向前推进的现实逻辑。"声入人心"宣讲团致力于在宣讲中回应真问题、解决真问题，让宣讲经得起推敲、发挥出实效。

"声入人心"宣讲团作为上海交大学生理论宣讲的骨干力量，在推进"大思政课"一体化建设、引领广大学生群体在中国式现代化建设中挺膺担当奉献青春中肩负着特殊使命。

历史篇
中国共产党的光辉历程

初心如磐：
坚守复兴正道，奋发赢得未来

党的二十大报告指出："从现在起，中国共产党的中心任务就是团结带领全国各族人民全面建成社会主义现代化强国、实现第二个百年奋斗目标，以中国式现代化全面推进中华民族伟大复兴。"

党的二十大是在极不平凡的历史节点上召开的一场极不平凡的会议。回望过去，我们完成了第一个百年奋斗目标，在中华大地上全面建成了小康社会。放眼未来，全面建设社会主义现代化国家的第二个百年奋斗目标已然在我们眼前。此刻，我们要总结过去为什么能取得这样举世瞩目的成就，同时也要根据当前和未来的新形势，走好新征程。在这样一个重要的历史节点上，"中国该向何处去，实现第二个百年奋斗目标的道路该怎样走？"的重大问题已然摆在我们面前，全党全国各族人民、全球关注中国发展的人们都在期待着中国共产党给出的答案。正是在这样的历史关头,党的二十大提出了"以中国式现代化全面推进中华民族伟大复兴"的重大论断。

一、中国式现代化从哪里来?

倍感振奋之余,也许大家不禁会问:要实现中华民族伟大复兴,为什么就要走中国式现代化道路? 要回答好这个问题,要从"现代化"这个概念本身讲起。

何为现代化? 也许大家会给出成千上万的答案,有人说现代化就是工业化,也有人说现代化是一种社会的蜕变,甚至有人说现代化等于西化。这些说法都有它自己的一套逻辑和依据。回溯历史,从第一次工业革命以来,人类社会发生了翻天覆地的变化。这种变化体现在经济、政治、文化、社会中,以及人本身的各方面、各领域。而因为前两次工业革命都是由西方主导的,所以现代化的定义权、话语权也长期被西方掌握。很长一段时间以来,无论是学界还是社会上总有一些人将现代化等同于西化。但如果我们用历史的眼光来看,便不难发现:现代化并不只是西方的事情,当现代化的浪潮席卷全球时,各国都难以避免,而纵观各国的现代化历程,又展现出了各自的特点;总的来说,现代化是人类社会向现代方向发展的状态和趋势,是一个抽象的、动态的概念。

因此,归根到底,现代化是一种世界现象,也是一种文明进步,是各国人民孜孜以求的发展目标。由于历史、文化和发展进程的差异,各国对现代化有着不同理解,塑造出了多种现代化模式。

让我们把目光聚焦到中国。可以说,近代以来对中华民族伟大复兴的求索历程与探索现代化道路的征程紧密相关。鸦片战争结束后,未能主动抓住现代化潮流的晚清政府面临着被迫开启现代化的窘迫局面。面对救亡图存的任务,各方势力都开始了现代化的探索。清政府为了维护旧的统治秩序,被动推进着现代化改革,但在上层决策时缺乏高瞻远瞩、坚强指挥,在下层执行时推行不力、各有心思,这根本上是因为利益群体矛盾丛生,从而导致了各项旨在推行现代化的举措不彻底、不坚决,变革速度慢,最终并没有引领中国人民真正实现现代化。

此外,一些人希望按西方资本主义模式建立现代化国家,希望通过建立君主立宪制、共和制改变时局,但无一不以失败告终。国民党政府也推行了地方政权改革、党务革新运动、金融证券改革等一系列举措,但由于缺乏坚实的社会基础,加之长期被党内派系斗争所困扰,最终依然没有打破中国现代化进程的梗阻。

危难之际,中国共产党人挺身而出,以争取民族独立、实现人民解放为目的,学习和传播马克思主义,学习社会主义先进文明,通过 28 年艰苦卓绝的伟大斗争,推翻了"三座大山",建立了新中国,为实现现代化创造了根本政治前提和制度基础。自此,中国现代化进程终于步入了正轨。

中华人民共和国成立以后,我们拥有了更为稳定的环境,但同时面临一穷二白的底子,实现现代化国家的征程依然任重道远,这又成为摆在中国共产党人面前的一道难题。为此,中国共产党人做出了积极的探索。过渡时期总路线提出了"逐步实现国家的社会主义工业化,并逐步实现国家对农业、手工业和资本主义工商业的社会主义改造"①。中共八大提出："国内的主要矛盾,已经是人民对于建立先进的工业国的要求同落后的农业国的现实之间的矛盾,已经是人民对于经济文化迅速发展的需要同当前经济文化不能满足人民需要的状况之间的矛盾。"②党和人民当前的主要任务,就是要集中力量来解决这个矛盾,把我国尽快地从落后的农业国变为先进的工业国。全国人大三届一次会议提出把我国逐步建设成为一个具有现代农业、现代工业、现代国防和现代科学技术的社会主义强国,也就是我们常说的"四个现代化"。这一时期,我们的现代化注重弥补工业化领域的短板,关注物质文明建设,从而为我们的现代化事业搭建起一个坚实的"底盘"。

通过前辈们艰苦卓绝的努力,中国建立起独立的比较完整的工业体系和国民经济体系;农业生产条件显著改变;教育、科学、文化、卫生、体育事业有很大发展;"两弹一星"等国防尖端科技不断取得突破;无论是工业总产值,还是在一些重要的工业产品的产量,都取得了跨越式的增长。

总的来说,中华人民共和国成立到改革开放前,中国的现代化道路虽然经历了艰辛和曲折,面临西方世界的孤立、打击和压制,但积累了宝贵经验、理论准备和物质基础,为民族复兴事业的启航筑牢了坚实的基础。

改革开放和社会主义现代化建设新时期,中国共产党人在深刻总结经验的过程中,拉开了改革开放的序幕,使现代化和民

---

① 马建堂:《不可阻挡的伟大进程》,人民出版社,2023 年,第 32 页。
② 曲青山:《新时代在党史新中国史上的重要地位和意义》,人民出版社,2019 年,第 49 页。

族复兴事业迎来了一片新图景。我们深刻认识到建设中国的现代化必须要走出一条适合中国国情的发展道路。中国共产党人审时度势,提出"中国式现代化"并提出了"三步走"战略,让现代化目标的实现路径愈发清晰。这一时期,我们推进社会主义市场经济体制改革,加入世贸组织,创办自由贸易区,开展更广泛的国际经济合作,将推进现代化的关注点拓展到经济、政治、文化、社会等诸多建设领域。尽管这条路也不是一帆风顺的,但我们成功抵御了诸多风险挑战,成为世界第二大经济体。与此同时,中国式现代化建设依然面临许多矛盾和问题,也面临着外部势力的遏制。在发展中暴露出问题是任何国家在任何时期都难以避免的。中国共产党人从来不回避问题,而是更注重直面和解决问题。这一时期现代化建设中暴露出的问题也促使中国共产党人进一步思考和探索适合中国的现代化道路。

党的十八大以来,中国特色社会主义进入新时代,这是中国发展新的历史方位。这一时期,我们统筹推进"五位一体"总体布局,协调推进"四个全面"战略布局,在中华大地上全面建成小康社会,实现了第一个百年奋斗目标,擘画了分"两步走"全面建设社会主义现代化强国的战略安排。这一时期,中国锚定现代化目标,对现代化在认识上不断深入、战略上不断成熟、实践上不断丰富,成功推进和拓展了中国式现代化,中华民族伟大复兴进入了不可逆转的历史潮流。

可以说,当前我们所提到的中国式现代化,是中国共产党人从近代以来一路艰辛探索得来的宝贵理论结晶,是一条在实践中形成并被历史所检验的适合中国实际的现代化道路,是通向中华民族伟大复兴光辉未来的坚实依托。

刚刚主要从历史的视野为大家梳理党探索出中国式现代化道路的征程。接下来,我要聚焦的则是:中国式现代化究竟是什么? 与西方现代化有什么样的区别呢?

二、什么是中国式现代化?

中国式现代化,从词语表达上来讲分为两部分:一曰中国式,二曰现代化。其中,理解"中国式"的深刻内涵,是把握中国式现代化为何能成为通向中华民族伟大复兴康庄大道的重要一环。

回溯马克思主义经典作家的思想,马克思与恩格斯首先肯定了现代化的积极意义,认为实现共产主义客观上要求生产力的发展。关于要走什么样的现代化道路的问题,马克思与恩格斯批判了资本主义现代化,认为资本主义无法真正驾驭现代化向着有利于人类永续发展和全面解放的正确方向前进,由此揭示了社会主义现代化取代资本主义现代化的必然性,认为资本主义现代化道路恰恰是因为自身所固有的矛盾和弊端,使其必然被社会主义现代化道路所取代。

让我们在对比视域下,具体看看中国式现代化的重要特征。第一,中国式现代化是人口规模巨大的现代化。根据国家统计局公开信息,2022 年末中国人口约 14.12 亿。而第一次工业革命开始时,英国人口不到 600 万;第二次工业革命时期,美国人口不到 8 000 万。迄今为止,实现现代化的国家不超过 30 个、人口不超过 10 亿。这也就意味着,我们的现代化难度、压力之大前所未有,同时取得的成就、贡献之大也是前所未有的。如此人口规模的现代化没有现成的经验可循，这就要求我们依靠自信自立走出一条新道路。同时，规模巨大的人口也为我国发展带来了更广阔的市场空间、更丰富的人才资源、更强劲的发展动能。

第二，中国式现代化是全体人民共同富裕的现代化。共同富裕是社会主义的本质要求，是中国式现代化的重要特征，也是一个长期的历史过程。中国作为一个大国，现代化建设"底子薄"，所以很难在短时期内迅速实现共同富裕，允许一部分人先富起来是必由之路。但是中国共产党始终没有放弃对共同富裕的追求，始终坚持把实现人民对美好生活的向往作为现代化建设的出发点和落脚点，着力维护和促进社会公平正义。根据国家统计局公开信息，2013—2020 年，全国农村贫困人口累计减少 9 899 万人，年均减贫 1 237 万人，贫困发生率年均下降 1.3 个百分点。2020 年贫困地区农村居民人均可支配收入 12 588 元，2013—2020 年年均增长 11.6%，比全国农村年均增速快 2.3 个百分点。反观美国，据美国智库政策研究院报告，最近 30 年来，美国亿万富翁的总体财富增长了 19 倍，而中位数财富只增加了 5.37%。据加州大学伯克利分校研究，美国收入前 10% 的人口人均年收入是后 90% 人口的 9 倍多，前 1% 的人口人均年收入是后 90% 人口的 40 倍，而前 0.1% 人口人均年收入是后 90% 人口的 196 倍之多。也许很多人会觉得西方一些人享有优于我们的物质条件，看上去似乎是西方的收入分配差距更小。但实际上我们要看到，这一方面与他们的宣传策略有关，另一方面是西方与我们所处的现代化阶段并不相同。西方现代化起步更早，固然今天的物质文明发展程度更高，但这个过程是以牺牲大众的利益为前提的,可以说西方现代化的发展过程是秉持资本立场、遵循资本逻辑的,是少数人的现代化。而当前我们在推进现代化的过程中,始终正视并解决地区差距、城乡差距和收入差距,面临着既要做大"蛋糕",又要分好"蛋糕"的重要要求,完善保障人民平等参与、平等发展的体制机制。

第三,中国式现代化是物质文明和精神文明相协调的现代化。没有坚实、先进的物质文明,一个国家和民族就会缺乏昂首于世界之林的物质基础。习近平总书记指出:"没有社会主义文化繁荣发展,就没有社会主义现代化。"①"实现中国梦,是物质文明和精神文明比翼双飞的发展过程。"②中国式现代化促进了物的全面丰富和人的全面发展,今天常讲的大力弘扬和践行社会主义核心价值观、理想信念教育、"四史"教育、爱国主义、集体主义、社会主义教育,以及推动中华优秀传统文化创造性转化、创新性发展,其实都是推进精神文明建设的重要部分。

第四,中国式现代化是人与自然和谐共生的现代化。人与自然是生命的共同体,无止境地向自然索取甚至破坏自然必然会遭到大自然的报复。西方走了一条"先污染后治理"的道路。20 世纪 40 年代,洛杉矶发生光化学烟雾事件,光化学反应产生的大量有毒气体致使当地 65 岁以上老人先后死亡 800 多人,并有 75％以上的市民患上"红眼病"(急性结膜炎)。1952 年英国伦敦发生烟雾事件,伦敦受到反气旋的控制,导致空气上方温度

---

① 习近平:《在教育文化卫生体育领域专家代表座谈会上的讲话》,人民出版社,2020 年,第 4 页。
② 中共中央党史和文献研究院:《习近平关于社会主义精神文明建设论述摘编》,中央文献出版社,2022 年,第 19 页。

大于地面温度，大量的污染气体停滞在空气之中无法排放，数千人死亡。而新时代的十年来，我国重点城市PM2.5平均浓度下降了56%，重污染天数减少了87%，成为全球大气质量改善速度最快的国家。十年来，全国优良水体比例提高了23.3个百分点，达到84.9%，城市黑臭水体基本消除，群众饮水安全得到了有效保障。十年来，我国森林面积增长了7.1%，达到2.27亿公顷，成为全球"增绿"的主力军。我国的生态环境发生了明显改善，大家可以明显感受到中国的发展是人与自然和谐共生的现代化。

第五，中国式现代化是走和平发展道路的现代化。由于资本主义的剥削本质，西方资本主义现代化充满了血腥与暴力，从寻找新大陆、建立贸易据点到大规模殖民，展现出恃强凌弱、泯灭人性的掠夺性。时至今日，部分资本主义国家依然奉行单边主义、霸权主义、强权政治。而中华民族是热爱和平的民族，今天的中国特色社会主义高举和平、发展、合作、共赢的旗帜，坚持独立自主的和平外交政策，坚持相互尊重、平等协商，坚持以对话弥合分歧、以谈判化解争端。我们坚定维护以联合国为核心的国际体系、以国际法为基础的国际秩序、以联合国宪章宗旨和原则为基础的国际关系基本准则，维护和践行真正的多边主义，积极推动经济全球化朝着更加开放、包容、普惠、平衡、共赢的方向发展。

归根结底，中国式现代化是中国共产党领导的社会主义现代化，既有各国现代化的共同特征，更有基于自己国情的鲜明特色。中国式现代化是人口规模巨大的现代化，是全体人民共同富裕的现代化，是物质文明和精神文明相协调的现代化，是人与自然和谐共生的现代化,是走和平发展道路的现代化。这条现代化道路根植于中国具体实际和中华优秀传统文化,以科学理论为指导,在火热实践中推进。迈上新时代新征程,唯有沿着这条道路砥砺前行,道不改志不移,方能沿着既定方向实现中华民族伟大复兴的宏伟蓝图。

要明确如何继续推进中国式现代化,首先要了解推进这项事业所面临的形势。一方面,要看到战略机遇。世界百年未有之大变局加速演进,新一轮科技革命和产业变革深入发展,国际力量对比深刻调整,我国发展面临新的战略机遇。另一方面,也要看到新的挑战。世纪疫情影响深远,逆全球化思潮抬头,单边主义、保护主义愈演愈烈,世界经济复苏乏力,局部冲突和动荡频发,全球性问题加剧,世界进入新的动荡变革期。我国改革发展面临不少躲不开、绕不过的深层次矛盾,党的建设特别是党风廉政建设和反腐败斗争面临不少顽固性、多发性问题,来自外部的打压遏制随时可能升级。

总体来说,我国发展进入战略机遇和风险挑战并存、不确定难预料因素增多的时期,各种"黑天鹅""灰犀牛"事件随时可能发生。我们必须增强忧患意识,坚持底线思维,做到居安思危、未雨绸缪,准备经受风高浪急甚至惊涛骇浪的重大考验。

前进道路上必须坚持和加强党的全面领导,坚持中国特色社会主义道路,坚持以人民为中心的发展思想,坚持深化改革开放,坚持发扬斗争精神。作为青年一代的我们,要坚持正确政治方向和价值观念;敢于有梦、勇于追梦、勤于圆梦,大胆去想,积极去做;担得起责任,耐得住寂寞,吃得了苦;把个人的理想追求融入党和国家事业之中;瞄准国际科技前沿和国家重大需求,加强科研攻关;坚定信念,将自身锻造成为创新型人才;不畏艰难险阻,勇担时代使命!

宣讲者手记

迈上新时代新征程,作为青年一代,我们理应真正深入系统了解中国式现代化"从哪里来""走到了哪""要去往何方"等深刻问题,真正将个人理想与党和国家的发展蓝图紧密结合起来。而我作为青年马克思主义者,更应发挥好在朋辈群体中的引领作用,用青年人爱听的话语将中国式现代化的理论与实践知识介绍给大家,帮助大家既明白为什么中国式现代化是走向民族复兴的康庄大道,又领悟到我们这一代人要在其中发挥什么样的作用,真正做到学有所思、学有所悟、学有所用、学有所行。

宋旭东,上海交通大学马克思主义学院马克思主义理论专业2022级硕士研究生

守望相助:
上海支援全国,路遥千里,互助华章

　　党的二十大报告指出:"我们全面加强党的领导,明确中国特色社会主义最本质的特征是中国共产党领导,中国特色社会主义制度的最大优势是中国共产党领导,中国共产党是最高政治领导力量,坚持党中央集中统一领导是最高政治原则,系统完善党的领导制度体系,全党增强'四个意识',自觉在思想上政治上行动上同党中央保持高度一致,不断提高政治判断力、政治领悟力、政治执行力,确保党中央权威和集中统一领导,确保党发挥总揽全局、协调各方的领导核心作用,我们这个拥有九千六百多万名党员的马克思主义政党更加团结统一。"

　　2008 年,汶川大地震突袭。面对规模空前、难度空前的世界性重建难题,党中央、国务院果断做出启动对口支援机制、"一省帮一重灾县"的重大决策。北京、广东、山东、浙江等 18 个省级行政区迅速行动,成千上万灾区干部群众从废墟上顽强奋起,与援建者携手重建家园。2020 年,面对严峻的疫情防控形势,党中央紧急部署,充分考虑疫情现状、人力资源储备及受援地医疗资源缺口等情况,统筹安排 19 个省级行政区对口支援湖北省除武汉市外的 16 个市及县级市。来自社会各界的支持、援助,涌向武汉、温暖武汉,汇聚成众志成城、同舟共济的阻击疫情的壮歌。在新时代脱贫攻坚的主战场上,东西部扶贫协作给予贫困地区人力、物力、财力支持，各级机关、企事业单位对口帮扶、倾心援助，形成攻坚决胜的强大合力，书写人类历史上最动人的脱贫故事。

无论是面临重大的突发事件，还是在精准帮扶贫困问题上，"支援"作为具有中国特色社会主义制度优势的合作机制，有效彰显了14亿人一条心、全国上下一盘棋、形成强大发展合力的蓬勃伟力。这是党中央统一指挥、统一协调、统一调度下全国一盘棋的生动实践，是制度优势的充分体现。

在中华人民共和国成立初期是怎么充分体现这一制度优势的呢？今天让我们一起回顾当时上海在各领域支援全国的概况，了解那个年代社会主义坚持全国一盘棋、一方有难八方支援的探索与力量。

一、支援治淮："开国治水"中的上海力量

淮河是我国东部的一条大河，淮河流域有广袤的地势、有松软肥沃的土壤、有雨热同期的气候特点，是我国历史最为悠久的农垦地带之一。但与此同时，淮河流域地处我国南北气候过渡带，降水量年内分配极不均匀，极易导致洪涝灾害。1950年，豫东、皖北连续普降暴雨，酿成严重的水灾。据统计，仅在皖北地区，受灾的农田数量约占当地全部耕地总数的60%，受灾人口约占当地全部人口的50%。淮河流域大水灾发生后，引起了党中央的高度重视。根据党中央的指示精神，为了支援治理淮河的伟大工程，上海市做出了一系列的努力。

1950年10月5日华东军政委员会教育部指出，各大学土木、水利测量等系四年级及各专科学校土木、水利、水文等科临毕业

年级均应暂停教学一年，所有该年级学生及教授、讲师、教员、助教、技术员工及技工在可能范围内均应尽量参加相关工程。交通大学水利、土木应届毕业同学都热烈响应参加治淮的伟大号召，表示坚决服从人民利益，听候政府调配。1951年9月23日，《文汇报》中有这样的记载："他们体会了一千四百万灾民挣扎在死亡线上的痛苦，了解到淮河对整个中国经济的巨大影响。一些个人顾虑，毫不犹豫地抛弃得干干净净，只有一颗坚决火热的赤心要参加治淮工作！就连晚上睡觉也梦见上火车，要到淮河去。"

1951年，治淮工作进入中游"蓄泄并重"工程阶段，上海市参加这次工程的工作单位有123个，参加职工有12 000余人，所有参加人员无论分工如何，均始终牢记毛泽东主席"根治淮河"的伟大号召，集思广益、努力拼搏，在支援淮河治理工程中保持了高度的劳动热情。

20世纪50年代初，上海市多方动员，积极参加了治理淮河的伟大工程，取得了积极的社会效果，极大地推动了治淮工程的顺利进行，为根治淮河做出了突出的历史贡献。几乎所有参加过治淮工作的上海大学生均表示，他们不单在书本上概念地知道祖国伟大、可爱、有着无比灿烂的前途，概念地知道劳动创造世界，工农联盟的伟大和共产党、毛主席领导的正确，而且从亲身见到、亲身参加的无数活的事实中，具体地、深刻地认识到了这一真理。

二、支援工业：国家重点工程建设中的上海征程

在第一个五年计划期间，为了提高全国的工业化建设水平，我国在苏联及东欧多个社会主义国家的援助下，启动了以"156

项"工程项目为主的重点建设工程。由于建设国家重点工程项目需要大量人员和设备的技术支持,党中央向全国范围内工业基础相对雄厚的上海市提出了支援国家重点工程建设的相关要求。

为鼓舞上海市广大技术工人积极报名参加国家重点工程建设,上海市人民政府和上海总工会于 1954 年 6 月 30 日举行上海市技术工人参加国家重点建设动员大会。会上指出,以技术人才支援国家社会主义工业化的建设,是全上海人民尤其是工人群众带有长期性的光荣任务,因此,国营、公私合营、私营企业及各级工会组织都应重视和支持这项工作,把大批优秀的技术工人动员到国家建设最需要的地方去。动员会后,上海工人纷纷积极报名参加国家重点建设工程。在整个第一个五年计划过程中,上海市在人力资源方面对全国的相关建设项目给予了大量的支援。五年间,输送了大量人员,可谓种类丰富、数量庞大(见表 1)。除了人员方面的支援外,上海在机器设备、服务行业、市政工程建设、文化教育等方面的配套支援,全方位地推动了整个一五时期国家工业化的历史进程。

表 1　1953 至 1957 年间上海市输送外地人力情况统计表

(单位:人)

年度	输送技术人员	输送技术工人	内部抽调	社会劳动输送
1953 年	4 103	13 328	14 844	4 779
1954 年	4 987	17 885	20 779	3 430

续　表

年度	输送技术人员	输送技术工人	内部抽调	社会劳动输送
1955 年	7 177	27 359	39 248	319 945
1956 年	7 485	24 211	40 240	58 237
1957 年	6 038	3 259	9 177	11 410

资料来源:《关于劳动力输送外地的材料》,上海市档案馆馆藏档案,档案号:B127 - 2 - 364 - 1。

三、支援教育:内地高等教育事业中的上海贡献——以交通大学西迁为例

中华人民共和国成立后,由于社会主义建设和国防建设的需要,同时为了改变过去遗留下来的高等教育布局不合理的现状,支持西部社会经济发展,国务院决定将交通大学内迁西安。1956 年,交大教职工和学生打起背包,舍小家顾大家,从黄浦江畔迁到渭水之滨。他们扎根西部,始终与党和国家的发展同向同行,先后为国家输送了 27 万名各类人才,其中 40% 留在西部工作,为改变西部落后面貌提供了巨大的智力支持。与此同时,他们还铸就了"胸怀大局,无私奉献,弘扬传统,艰苦创业"的"西迁精神"。交通大学的内迁是新中国高等教育史上的大事件,也是上海高等教育方面支援内地发展的重要表现。

一棵"大树"从南方迁到北方,是否会影响损害根部? 为了让"大树"真正在西部扎根,在黄土高原上枝繁叶茂、茁壮成长,西迁人发扬交大"饮水思源、爱国荣校"的光荣传统,艰苦奋斗。

教学工作井井有条,从严从实,一如既往。大家在这里并不感到生活的"苦",反而更觉奋斗的"甜",共同的信念就是把学校建设好,把人才培养好。交通大学西迁不仅是一次空间的转移,其背后还凝聚着交大人爱党报国的使命担当与服务人民的家国情怀,体现出交大人"哪里有事业,哪里有爱,哪里就是家"的坚持。

在那个百废待兴的年代,还有许多劳动者、企业毅然离开繁华的大上海,千里迢迢搬迁到祖国的内地安营生根,为支援祖国工业建设做出了重要的历史贡献。近年来,一大批知识分子、青年学子听从党的召唤,背起行囊,到祖国最需要的地方去建功立业。支撑他们作出这一选择的,同样是对"始终与党和国家发展同向同行"的执着追求。

中华人民共和国成立初期的上海支援全国体现了以下几个方面。一是展现了人民群众以国家利益为重,自力更生、奋发图强的可贵品质。在这一历程中,人民群众把党和国家的需要看得高于一切,为国家与社会的发展无怨无悔奉献一生,谱写了一代中国人民为建设国家而无私奉献的壮丽篇章。二是彰显了社会主义坚持全国一盘棋,集中力量办大事的制度优势。习近平总书记强调:"衡量一个国家的制度是否成功、是否优越,一个重要方面就是看其在重大风险挑战面前,能不能号令四面、组织八方共同应对。"①三是证明了坚持和加强党中央集中统一领导的必要性。党的二十大报告指出:"党的领导是全面的、系统的、整体的,必须全面、系统、整体加以落实。"新中国成立初期"上海支援全国"的历史昭示着我们:在全面建设社会主义现代化国家

①　习近平:《习近平著作选读》(第二卷),人民出版社,2023年,第348—349页。

的新征程上,要坚定不移坚持党的全面领导,坚定不移维护党中央权威和集中统一领导。

宣讲者手记

历史是最好的教科书,也是最好的营养剂。在多次宣讲的实践中,我感受到了不同年代的人们把党和国家的需要看得高于一切、为国家与社会的发展牺牲小我的奉献精神。作为"声入人心"宣讲团的一名讲师,我有责任也有义务将这一个个伟大精神、一段段红色故事、一串串闪光姓名传播出去以影响和激励更多的人。

王悦涵,上海交通大学马克思主义学院马克思主义理论专业2021级硕士研究生

赓续红色精神：
一渠绕群山，红旗渠精神动天下

党的二十大报告指出："弘扬以伟大建党精神为源头的中国共产党人精神谱系，用好红色资源，深入开展社会主义核心价值观宣传教育，深化爱国主义、集体主义、社会主义教育，着力培养担当民族复兴大任的时代新人。"

中国共产党人的精神谱系的首次提出，是在庆祝中国共产党成立一百周年大会上，习近平总书记强调："一百年来，中国共产党弘扬伟大建党精神，在长期奋斗中构建起中国共产党人的精神谱系，锤炼出鲜明的政治品格。"中国共产党人精神谱系以建党精神为源头，集中彰显了中华民族和中国人民长期以来形成的伟大创造精神、伟大奋斗精神、伟大团结精神、伟大梦想精神，彰显了一代又一代中国共产党人"为有牺牲多壮志，敢教日月换新天"的奋斗精神。

党的十八大以来，以习近平同志为核心的党中央十分重视中国共产党人精神谱系的传承和弘扬。2022 年 10 月 26 日至 28 日，习近平总书记来到陕西延安、河南安阳两地考察，在河南安阳的第一站就是林州红旗渠。习近平总书记在红旗渠指出："红旗渠就是纪念碑，记载了林县人不认命、不服输、敢于战天斗地的英雄气概。要用红旗渠精神教育人民特别是广大青少年。"①

---

① 任平：《团结奋斗是中国人民创造历史伟业的必由之路——奋进新征程，创造新伟业》，《人民日报》2023 年 3 月 30 日，第 5 版。

要赓续和传承红旗渠精神,就要了解红旗渠修建的历史,体悟"自力更生、艰苦创业、团结协作、无私奉献"的精神意蕴,更要明晰如今学习红旗渠精神对新时代青年的重要意义。

一、山河为碑,精神永存,以热血青春镌刻太行山巅

历史上的林县是一个自然灾害发生比较频繁的地方。据县志记载,从 1435 年到 1949 年的 514 年里,有记载的旱情就有 104 次,其中大旱绝收 38 次。全县山岭起伏,沟壑纵横。当时,有一首打油诗这样评价林县:"光岭秃山头,水缺贵如油,豪门逼租债,穷人日夜愁。"可见昔日林县人民挣扎于饥寒交迫之中。因为缺水,林县人很少洗脸和洗衣服,一盆水往往是老人洗了孩子洗,洗来洗去还是舍不得倒掉,放到一边留着下次再用。大多数人只有在过年过节走亲串友时才洗手、洗脸。因为缺水,所以村里人给孩子取名也要带上一个水字,希望可以沾点水气儿。

1959 年全国大旱。这一年林县河水断流,已经建成的水渠根本无水可引。同年 10 月 10 日,河南林县县委召开会议,决定把浊漳河的水引到林县来。11 日,在县委书记杨贵的带领下,浩浩荡荡的建渠大军开赴太行山里漳水河畔。林县人民带着"宁愿苦干,不愿苦熬"的信念开始了自力更生的修渠之路。

按照县委部署,37 000 名民工挤在峡谷、山村。这里一是缺少住房,二是道路不畅,而且冬季天气寒冷,总之困难重重。在这种情况下,大家都毫无怨言,自己动手,战胜困难。几个布篷撑起来,就是指挥千军万马的总营帐,3 块石头支起来,就是烧锅煮饭的伙房。他们有的住山洞,睡席棚,有的住在山崖下,白

天到山上割草，夜里铺在石板上便是床。

在这些工人中，有一个人我想先为大家介绍一下。他叫任羊成，身高不到一米六，体重不足百斤，但干的工作却是除险队队长。除险队，顾名思义就是在队伍施工时帮助工人除去险情的。在红旗渠的必经之路上，有一个地方叫作鸻鹉崖。那地方上不见青天，下面是滔滔漳河水。当地老百姓形容："鸻鹉崖是鬼门关，风卷白云上了天，禽鸟不敢站，猴子不敢攀。"在这样一个险要的地方，由于放炮开山，被震裂的石块还不住地往下滚落。如果要继续施工，必须想办法除掉山崖上松动的石头。这时候任羊成主动请缨成立除险队，为太行山上的修渠村民排除艰险。有一次虎口崖需要除险，当地老人们劝他别去，认为那里太危险，但任羊成一心扑在工程上，哪里顾得上什么危险！他让施工队在山顶打下 3 根钢钎，然后把绳子绑在自己身上，形成绳索，在上无寸物可攀、下无立足之地的峭壁上凌空施工。崖深风大，任羊成在悬崖峭壁间来回飞荡。多少次险些撞在石壁上，他都机智地躲开了。没想到，正当他抬头往上望时，一块石头突然落下，正好砸在他的嘴上。他想向崖顶呼喊，但觉得满嘴麻木，怎么也张不开，舌头也动弹不得了。原来他的一排上牙全被砸倒，紧紧压在舌头上。他从腰里抽出钢钎，插进嘴里把牙别了起来，谁知用手一扶，四颗门牙都断在嘴里了。任羊成吐出断牙，忍着剧痛一直坚持到完成任务，才从悬崖上下来。

冬天的红旗渠施工最艰苦，遇到风雪天危险性更大。当时工地指挥部不得不通知：风雪天暂停施工。可是任羊成怕耽误工期，总是看着风雪着急。有一次连下两天大雪，他实在坐不住了，悄悄率领 3 个民工，在崖顶上燃起一堆篝火，让同伴们看好绳,便系上绳索一个人下崖了。雪越下越大,任羊成在风雪中飞荡。不一会儿,他的头上、肩上便积起了厚厚的雪,衣服冻成了冰甲。等他除完危石下到崖底,手指都冻僵了。在红旗渠的工地里流传着一句顺口溜:"除险英雄任羊成,阎王殿里报了名。"

二、十年生死两茫茫,不思量,自难忘

据红旗渠志记载,十年工程期间先后有81位干部和群众牺牲,他们中最大的60岁,最小的17岁,许多人连一张照片都没有留下。在这些工人中有一对父子,父亲叫张运仁,在上渠三个月后就被石头砸中牺牲了。张运仁去世后,他的妻子赵翠英把他们年仅13岁的儿子张买江送到了修渠工地。张买江去工地前,母亲对他说:"你爹没有修成渠就走了,你去就得把水带回来,带不回来水,你就不要回来了。"从此张买江开启了修渠之路。红旗渠修了10年,张买江在工地干了9年。由于他年龄小,工地总是为他安排相对轻松一些的工作。可是张买江总是自己挑重活,经常在各工地之间来回奔波,每天走七八十里,导致母亲给他做的布鞋不到一个月就穿破了。

最初,林县县委提出"大干80天,建成红旗渠"的口号。当时对工程时间的计算方法很有意思,他们以农户盖房子所用时间为依据,用上工地的劳力数乘工程的长度,粗略算出80天就够用了。但很快,工程的艰难使他们明白并没有这么简单,仅一期工程就进行了200多天。大家就这么在吃苦中熬了一年又一年,在第十年的时候终于建成了红旗渠。1965年4月5日,红旗渠总干渠终于通水。次年4月,红旗渠修到了张买江的家门

口——母亲赵翠英坐在池塘边,看着渠水哗哗地流进池塘里,整整看了一夜。第二天一早,张买江从池塘里挑了满满一担水。赵翠英忍不住念叨:"孩子他爹,孩子把水带回家了,你放心吧!""自力更生、艰苦创业、团结协作、无私奉献"所蕴含的精神意蕴充分体现于这十年修建红旗渠的每个工人身上,更在红旗渠这一伟大奇迹中闪闪发光。

20 世纪 70 年代,随着电影《红旗渠》在全国公映,"红旗渠"三字变得家喻户晓。周恩来曾自豪地告诉国际友人,新中国有两大奇迹,一个是南京长江大桥,另一个是林县红旗渠,而红旗渠是英雄的林县人民用两只手修成的。1974 年,邓小平到纽约参加联合国第六届特别会议,他带去了 10 部反映新中国建设成就和生活风貌的电影,在联合国总部放映的第一部影片就是《红旗渠》,反响十分热烈。被世人称为"人工天河""中国的水长城""世界第八大奇迹"的红旗渠,不再单纯是一项水利工程,而已成为中华民族精神的一个象征。红旗渠先后被授予全国爱国主义教育示范基地、全国研学旅游示范基地、全国红色旅游经典景区、国家 AAAAA 级旅游景区、全国重点文物保护单位等多项荣誉称号。张买江的儿子张学义也在红旗渠上工作,对每条干渠、支渠的情况都了如指掌。三代人坚守红旗渠,便是一种精神的传承。

三、扬革命传统,传红色基因,育时代新人

党的二十大报告指出:"弘扬以伟大建党精神为源头的中国共产党人精神谱系,着力培养担当民族复兴大任的时代新人。"我认为"自力更生、艰苦创业、团结协作、无私奉献"的红旗渠精

神也是对时代新人要求的体现。

首先,自力更生不仅是红旗渠精神的逻辑起点,更是新征程上时代新人的奋斗基点。面对几十万林县老百姓缺水问题,林县县委没有被困难吓倒,不等,不靠,不向国家伸手要,走出了一条自力更生的发展之路。在红旗渠工程建设总投资 6 865.64 万元中,国家投资为 1 025.98 万元,仅占 14.94%,其余超过 85% 的投资都来自地方和群众自筹。而在新时代我们已经有了比过去好太多的物质条件,在这样的优越的条件下我们更要学会独立:生活上要独立,思想上更要独立,善于用新时代社会发展的要求进行自我审视,做一个有益于国家、有益于人民的人。

其次,艰苦创业不仅是红旗渠精神的鲜亮底色,更是新征程上时代新人的立身之本。修建红旗渠时正值我国经济困难时期,物资短缺,设备落后,在吃不饱、穿不暖的情况下,先辈以顽强的毅力苦战十个春秋,创造了水利史上的人间奇迹。如今当我们遇到困难想要放弃的时候,可以想一想十年红旗渠的修建历程,想一想他们是如何坚持下来的。我们必须坚定意志,面对困难撑得住、关键时刻顶得住、风险挑战扛得住,做一个真正的时代新人。

再次,团结协作不仅是红旗渠精神的成功密码,更是新征程上时代新人的成事之基。林县县委急人民所急,想人民所想,办人民所需。党员干部与修渠群众同吃、同住、同劳动,深得人民认可,使林县人民的力量空前汇聚,保障了红旗渠工程的顺利进行。新时代的我们应在弘扬团结协作精神中彰显奋斗精神,要心中有大局,投身于为国家富强、民族振兴、人民幸福而奋斗的伟大事业中去,更要主动了解世界,推动中国与世界共同繁荣发展。

最后，无私奉献是红旗渠精神的灵魂支柱，更是新征程上时代新人的动力之源。一部红旗渠工程的修建史，就是一部无私奉献史。修建红旗渠的每一位工人都在舍小家、为大家。正是他们的英雄事迹铸就了红旗渠精神。作为时代新人，我们要把爱党爱国爱人民转化为爱岗敬业的实际行动，更要心怀"国之大者"，勇做走在时代前列的奋进者、开拓者、奉献者。

我真诚地希望，大家有机会一定要到河南安阳红旗渠去走一走，看一看，亲眼领略人间奇迹，感悟精神魅力。

宣讲者手记

爱祖国，就要爱祖国的大好河山。祖国的河山，处处闪耀着革命的光芒，印记着红色的史迹。我在本科阶段跟随学院的红色文化寻访营到达红旗渠参观，震撼的心情久久不能平静。一行人在渠间行走，凝重和震撼的表情一直浮现在大家的脸上。当年先辈在如此恶劣和危险的环境下为后人创造出不朽的功绩，更是加深了我对他们的敬仰。所有的岁月静好都是曾经的英雄用自己的血和肉换来的，这让我深刻地明白了"红色"的内涵。我们将更加勇敢、更加顽强、更加坚韧不拔地前行。我们感激前人，学习前人，也要无愧于前人。我们将做出我们这一代人的贡献，为后人留下我们的奋斗足迹。

李君龙，上海交通大学马克思主义学院马克思主义理论专业 2022 级硕士研究生

自我革命：
跳出历史周期率的第二个答案

党的二十大报告指出："经过不懈努力，党找到了自我革命这一跳出治乱兴衰历史周期率的第二个答案，自我净化、自我完善、自我革新、自我提高能力显著增强，管党治党宽松软状况得到根本扭转，风清气正的党内政治生态不断形成和发展，确保党永远不变质、不变色、不变味。"

一、跳出历史周期率的两个答案——人民民主和自我革命

时间倒回 1945 年 7 月 1 日，一架飞机由重庆飞抵陕北延安，来机场迎接的有毛泽东、周恩来、朱德等多位中共中央领导人。飞机上坐的是六名国民参政员，其中有一个叫黄炎培。这一行人在延安的"破冰之旅"持续了五天，进行了三次共十几个小时的会谈。

7 月 4 日下午，毛泽东与黄炎培推心置腹，畅所欲言。彼此欣赏的两人在延安可谓一见如故。黄炎培熟谙历史，又有丰富阅历，他在延安亲身感受到了一种与重庆截然不同的清新气象。黄炎培对毛泽东说："我生六十多年，耳闻的不说，所亲眼看到的，真所谓'其兴也勃焉'，'其亡也忽焉'……一部历史，'政怠宦成'的也有，'人亡政息'的也有，'求荣取辱'的也有，总之没有跳

出这周期率。"①背后的潜台词是这样一个问题：中国共产党能否找到一条新路跳出历史周期率的支配？

面对这个耿直又颇有难度的问题，毛泽东没有回避，坦然回答道："我们已经找到了新路，我们能跳出这周期率。这条新路，就是民主。只有让人民来监督政府，政府才不敢松懈。只有人人起来负责，才不会人亡政息。"②

黄炎培和毛泽东这一问一答，就是历史上著名的"窑洞对"。它的核心在于探讨如何跳出治乱兴衰历史周期率、避免人亡政息、确保政权长期存在的问题。短短五天的延安之行像一道冲击波，让黄炎培对中国的光明前途有了新的信心。回到重庆之后，黄炎培就撰写了《延安归来》。

中国共产党始终在探索：我们党历史这么长、规模这么大、执政这么久，如何跳出治乱兴衰的历史周期率？习近平总书记在多个公开场合多个重要会议上多次讲到跳出历史周期率问题，强调这是关系党千秋伟业的一个重大问题，关系党的生死存亡，关系我国社会主义制度的兴衰成败。

终于，在党的二十大报告中，这个问题有了新回答："经过不懈努力，党找到了自我革命这一跳出治乱兴衰历史周期率的第二个答案。"相比于 70 年前，今天我们党的历史更长了、规模更大了、执政更久了，对如何跳出历史周期率的思考和认识也更深入了，总结的历史经验更全面、更系统、更深刻了。

人民民主和自我革命这两个"答案"的提出，尽管时间上相

①　中共中央文献研究室：《毛泽东思想年编：1921～1975》，中央文献出版社，2011年，第 439 页。
②　同上。

差 76 年,但在原则和目标上具有高度统一性,且在机制上互为补充、相辅相成。一个属外部监督,一个是内部发力。人民监督唤起自我革命的自省,激发自我革命的自律,推动自我革命的自觉;自我革命促进人民监督更有信心、更有目标、更有实效地向纵深开展。两者有着统一的马克思主义理论基础,一体两翼,从人民和党自身的双重角度形成一个权力监督制约的完整闭环,为我们党成功跳出历史周期率提供了有力的支撑。

勇于自我革命和接受人民监督,本质上是党性和人民性的内在统一,一脉相承的是党走好新的"赶考"之路的清醒坚定,是走得再远都不会忘记的初心使命和历史自信。接下来,我们主要聚焦跳出历史周期率的第二个答案——自我革命。

二、跳出历史周期率的第二个答案——自我革命

中国共产党作为中国的领导党和执政党,其自我革命包括两层含义:一是在推进国家治理体系和治理能力现代化背景下,全面深化改革必须要发扬党的自我革命精神,改革也是一场革命,领导改革者必须具有自我革命的精神,既勇于冲破思想观念的桎梏,又勇于突破利益固化的藩篱;二是在一党长期执政下推进全面从严治党必须要解决好自我监督问题,执政党必须要有正视问题的自觉和刀刃向内的勇气,彻底根除当前党的建设中存在的各种突出问题,建设强大的政党。

政党的自我革命一直都是一个世界性难题,被比作国家治理的"哥德巴赫猜想"。但胜人者有力,自胜者强。中国共产党一直都是一个高度重视自身建设的马克思主义政党,注重通过自我净化、自我完善、自我革新、自我提高,解决自身存在的问

题,克服缺点,始终保持生机活力。

2015 年 5 月 5 日,习近平总书记在中央全面深化改革领导小组第十二次会议上的讲话中正式对各级领导干部提出,要勇于自我革命,敢于直面问题,共同把全面深化改革这篇大文章做好。这之后,习近平总书记在庆祝建党 95 周年大会、中央政治局民主生活会上等多个重要场合进一步阐释和强调要勇于自我革命。2017 年 2 月 13 日,习近平总书记在省部级主要领导干部学习贯彻党的十八届六中全会精神专题研讨班上的讲话中把勇于自我革命称为我们党最鲜明的品格和最大的优势。实践充分证明,中国共产党能够带领人民进行伟大的社会革命,也能够进行伟大的自我革命。

自我革命何以成为跳出历史周期率的第二个答案呢? 咱们转个弯儿,从《狂飙》这部剧来找找答案。这部以扫黑除恶为题材的影视剧,用"一正一邪"双线叙事手法深入地描绘了警队成员安欣等人的故事和黑社会老大高启强的发家史,成为 2023 年开年首部爆款剧。

从这部剧里,我个人总结了三个关键词。

(一)第一个关键词:勇气

这部剧中许多情节设计都以中央的重大部署为背景。第一集开篇就交代了全国扫黑除恶专项斗争的背景,全国政法队伍教育整顿更是贯穿始终。而政法队伍教育整顿工作就是中国共产党进行自我革命的重要缩影。先进的马克思主义政党不是天生的,而是在不断的自我革命中淬炼而成的;党的伟大不在于不犯错误,而在于从不讳疾忌医,敢于直面问题,勇于自我革命。①

① 李忠杰:《二十大关键词》,人民出版社,2023 年,第 339 页。

所以给我留下深刻印象的不仅仅是扫黑除恶的打打杀杀，还有整治"内鬼大 boss"的巨大勇气。

剧里有一个只有几分钟戏份的小人物。他的名字叫谭思言，是京海市市政府研究室的一名普通科员。他的第一次出场是在第 22 集，他在上班的路上被人开车拦下，被警告不要再举报对方的上级赵立冬。而谭思言并没有表现出畏惧，并没有因此妥协，他说只要死不了就接着去举报，就算是死无葬身之地也要斗争到底。

纵观《狂飙》全剧，或许最让赵立冬感到战栗的不是高启强，而是谭思言的存在。让他感到战栗的不仅是谭思言这个人，更是他那种不怕死的勇气。谭思言是党内推行自我革命的一个意象，成了悬在"赵立冬"们头上的利剑。

2021 年，伴随扫黑除恶常态化，全国政法队伍教育整顿行动大幕拉开，一些"大老虎"应声而落。党的十八大以来，截至 2022 年 4 月底，全国纪检监察机关共立案审查调查 438.8 万件、470.9 万人，查处违反中央八项规定精神问题 72.3 万起，给予党纪政务处分 64.4 万人。党自我革命的力度、广度、深度是史无前例的。

从遵义会议到延安整风，从"壮士断腕第一刀"的"三反"运动到"拨乱反正"的十一届三中全会，从"八项规定"的作风建设到轰轰烈烈的反腐败斗争，中国共产党一次次拿起手术刀自剜腐肉，割除毒瘤，真刀真枪解决问题，也正是这份巨大的政治勇气和战略定力让中国共产党一次次于危难之际绝处逢生，于挫折之后毅然奋起，重整行装、校正方向，再出发！

勇于自我革命的这个"勇"就是我们党区别于其他政党的鲜

明标识，是我们中国共产党打不垮、压不倒的关键所在。有人把这场"刀刃向内"的自我革命比作"政治体检"。都说现代人体检是需要勇气的，那对一个政党来说，做一次全面体检更需要莫大的勇气，而且还得拿起手术刀给自己动手术，去腐肉，向顽瘴痼疾开刀。而一系列实践也证明，检视反思、正视问题越自觉，自省自纠、改正错误越坚决，身体才会越健康，更容易拿到一份令人满意的体检报告。假如有病不治，本来可以医好的病症就会拖成不治之症，很容易躺在历史周期率这个大坑里出不来。唯有以刀刃向内、无私无畏的政治勇气，驰而不息，励品行、正操守、养心性，才能真正把握历史主动，不断从胜利走向胜利。

（二）第二个关键词：真心

要说光有勇气还不行，得看你为谁勇。民有所呼，我有所应。腐败问题、不正之风、特权现象，最伤民心。于是人民群众反对什么、痛恨什么，我们党就坚决纠正什么、防范什么。在强势的自我革命背后，藏不住的是对人民的真心。这就是我给出的第二个关键词——真心！

"不私，而天下自公。"中国共产党代表中国最广大人民根本利益，没有任何自己特殊的利益。正因它始终怀揣着"我将无我、不负人民"的赤子情怀，本着彻底的唯物主义精神经常检视自身、常思己过，才能摆脱一切利益集团、权势团体、特权阶层的围猎腐蚀，向党内被这些集团、团体、阶层所裹挟的人开刀诊脉，以"得罪千百人、不负十四亿"的使命担当，向黑恶势力及其"保护伞"公开宣战！

《狂飙》当中的主人公安欣就是这样一个共产党员。在整个公安系回答一致的问卷里，只有他认真对待巡视组检查，不走过场、如实填写。他会在周围人步步高升的时候坚守底线，拒绝威逼利诱，跳出"温水煮青蛙"式的"围猎"……在长达20年的坚守中，面对师父背叛、战友逝去、爱人离开，安欣依然坚守理想信念不动摇，面对各种诱惑不迷失，彰显了忠诚本色和清醒克制。《狂飙》中甚至从未出现安欣家的画面，他不是在查案就是在查案的路上。他出身警察世家却从未陷入名利的角逐场，而是一直在守护公平正义的道路上披荆斩棘、破浪前行，不为名累、不为权迷、不为欲困、不为利诱。

在为正义"狂飙"的路上，安欣从意气风发到熬出白发，他将巨大的痛苦藏在心中，却始终没有隐藏自己的善良和正义，没有放弃作为一名共产党员的真心。他说："这么多年，我从来没想过自己的后路。"看懂圆滑世故，依旧选择付出真心，他显得那么格格不入，却又让人动容，贡献了很多笑点和泪点。剧中的扫黑督导员徐忠曾经这样评价，"像安欣这样的警察，常常被嘲笑不够聪明，不会变通。如果以升官发财为标准，安欣确实不够精明，但他的品质，恰恰是政法队伍最需要的。"他们用"轴"牢牢守住底线，用善良拉住那些差点下坠的手，用行动证明"一切为了人民"不仅是一句口号，而是广大政法干警用生命和鲜血坚守捍卫的目标与追求。不谋私利才能谋根本、谋大利，才能从党的性质和根本宗旨出发，从人民根本利益出发，检视自己；才能不掩饰缺点、不回避问题、不文过饰非，有缺点克服缺点，有问题解决问题，有错误承认并纠正错误。

这部剧播出之后，有人质疑这个角色太理想化了，有点假，但实际上安欣这个人物取材于多个真实原型：他可能是38岁就满头白发的雷鸣、是行动中被砍十几刀的应健达、是危险时刻用身躯挡住火药的张保国、是把抢救机会留给战友的程凯……或许现实中，"主角光环"并不存在，但主角一直在，他们跟安欣一样"轴"，一样忠诚、有担当，拥有弥足珍贵的一颗真心。

安欣这个角色只是现实生活中无数真实英雄的一个缩影，而党的自我革命路上靠的就是这千千万万个"安欣"。扫黑除恶，扫除的是黑恶势力，净化的是政治生态，赢得的是党心民心，夯实的是执政根基。教育整顿，为的是打造出一支党和人民放心的、信得过的、靠得住的政法铁军。让自我革命的鼓点与民心同频共振，确保把党和人民赋予的权力用来为人民谋幸福，始终同人民群众想在一起、干在一起，极大增强人民群众的获得感、幸福感、安全感。

中国共产党的性质和宗旨，决定了党同腐败现象冰炭不能同器、水火不能相容；中国人民的利益和期待，正是中国共产党推进自我革命、坚决向腐败宣战的根本动力。党这份坚守人民立场的真心赢得最广大人民的衷心信任、拥护和坚定支持，从而拥有不竭的力量源泉和最为深厚的群众基础，实现长期执政，成为永远立于不败之地的马克思主义政党。它因为对人民群众的一颗真心而坚持自我革命，用真心回答了如何跳出"历史周期率"这个问题。

（三）第三个关键词：实力

要跳出历史周期率，缺不得刀刃向内的勇气，缺不得不负人民的真心，更少不了刮骨疗毒的实力。有外媒评论，中国共产党的反腐败成绩，是"足以同在中国解决温饱问题、极大消除贫困相提并论的一个巨大贡献"。的确，在当今世界，没有哪个国家有中国这样的反腐力度和成效。但这不是运气，靠的是实力。

从查处高官巨贪打"老虎",到惩治基层腐败拍"苍蝇",从"天网""猎狐"推进反腐国际追逃,到加强巡视、审计利剑高悬……党的自我革命在不断应用探索中以开放的模式形成了一套内部驱动的、系统全面的自我纠错机制,既有施药动刀的治病之法,又有固本培元的强身之举,有破有立,标本兼治。

党的十八大以来,党中央针对全党全军全国重大问题,及时制定修订了146部实践亟需、务实管用的中央党内法规,占现行有效中央党内法规总数的69.5%。啃最硬的骨头,拆最牢的藩篱,改革涉及的中央和国家机关部门、直属单位超过80个(数据统计截至2021年6月)。随着纪检监察法规制度的笼子越织越密,执纪执法工作的规范日益细化,纪检监察权的运行也越来越规范,一整套党自我净化、自我完善、自我革新、自我提高的制度规范体系逐渐建立完善。纪检、监察、检察、审计系统里一系列机构的设置,形成了凝聚起管党治党的系统合力和整体态势,使主体在环境急剧变化下,以自省的"阵痛"及时认识内部错误,从而在历史情势的转变中纠正错误,制定正确的路线、方针、政策,不在喝彩声中迷失自己。

党的自我革命并非仅囿于"自我",党的领导也不可能仅囿于党本身,而是与社会、国家和人民紧密关联。自我革命所达到的历史高度,决定着社会革命的实践深度。自我革命与社会革命的良性互动、协同推进,才能使党真正跳出治乱兴衰的历史周期率,创造新的荣光、新的胜利、新的辉煌。

这三个关键词:勇气、真心、实力,对应的正是"敢不敢""想不想""能不能"。或许世界上很多政党都想过自我革命,但他们要么害怕对自己下狠手,缺少一份刀刃向内的勇气,要么因为不愿触碰利益而缺少一颗"不负十四亿"的真心,还有的是有心无力缺少彻底"刮骨疗毒"的实力。所以,中国共产党用独一份的勇气、独一颗的真心、独一种的实力,从治标入手,把治本寓于治标之中,开创了跳出历史周期率的新局面,永葆一个百年大党的青春活力!

三、自我革命永远在路上

伟大自我革命只有进行时没有完成时,依然任重而道远。如何不断把党的自我革命引向深入是我们都应该思考的问题。

在中国共产党十九届中央纪委六次全会上,习近平总书记以"九个坚持"作出精辟概括。

坚持党中央集中统一领导。全面从严治党取得历史性、开创性成就,根本在于以习近平同志为核心的党中央坚强领导,在于习近平新时代中国特色社会主义思想科学指引。只有在党中央集中统一领导下扎实有序推进全面从严治党,把坚持党的全面领导贯彻到管党治党全部工作之中,确保党牢牢把握反腐败斗争主动权,才能以党永不变质确保红色江山永不变色。

坚持党要管党、全面从严治党。打铁必须自身硬。只有把全面从严治党战略方针贯穿中国特色社会主义事业全过程和党的建设各方面,不断增强党的政治领导力、思想引领力、群众组织力、社会号召力,才能推动伟大事业不断向前。

坚持以党的政治建设为统领。旗帜鲜明讲政治是马克思主义政党的根本要求。只有保证全党在政治立场、政治方向、政治原则、政治道路上同党中央保持高度一致,引导党员、干部把对党忠诚体现在贯彻党中央决策部署的具体行动上,才能确保党的理论和路线方针政策落地见效。

坚持严的主基调不动摇。全面从严治党一刻不能松、半步不能退,松一松就会反弹回潮,不良风气就会卷土重来。只有保持正风肃纪、反腐惩恶的战略定力,把严的主基调长期坚持下去,提高纪律建设的政治性、时代性、针对性,坚持纪严于法、执纪执法贯通,执纪必严、违纪必究,才能以严明的纪律确保全党目标一致、团结一致、步调一致。

坚持发扬钉钉子精神加强作风建设。作风建设要一个节点一个节点坚守,一个问题一个问题解决,一个阶段一个阶段推进。只有发扬党的优良作风,持之以恒落实中央八项规定精神,以优良作风带动社风民风向上向善,才能以好作风好形象创造新伟业。

坚持以零容忍态度惩治腐败。反腐败斗争取得压倒性胜利并全面巩固,但形势依然严峻复杂。只有保持零容忍的警醒、零容忍的力度,统筹推进各领域反腐败斗争,坚决遏制增量、清除存量,坚定不移走中国特色反腐败之路,坚持不敢腐、不能腐、不想腐一体推进,惩治震慑、制度约束、提高觉悟一体发力,才能实现干部清正、政府清廉、政治清明、社会清朗。

坚持纠正一切损害群众利益的腐败和不正之风。民心是最大的政治,人民对美好生活的向往就是我们的奋斗目标。凡是群众反映强烈的问题都要严肃认真对待,凡是损害群众利益的行为都要坚决纠正。只有推动全面从严治党向基层延伸,解决群众反映强烈的突出问题,让人民群众感到公平正义就在身边,才能以全面从严治党实效筑牢党的执政基础。

坚持抓住"关键少数"以上率下。领导干部是我们党执政的骨干力量,也是管党治党的组织者、推动者和实践者。全面从严治党、推进反腐败斗争,只有从领导干部特别是高级干部严起,落实领导干部管党治党责任,坚持抓领导、领导抓,推动主体责任和监督责任一贯到底,压紧压实全面从严治党政治责任,才能巩固发展全党动手一起抓的良好局面。

坚持完善党和国家监督制度。党的执政地位,决定了党内监督在党和国家各种监督形式中是最基本的、第一位的。只有构建以党内监督为主导、各类监督贯通协调的机制,形成全面覆盖、常态长效的监督合力,才能把监督制度优势更好转化为治理效能。

这九条规律性认识,统一于推进新时代党的建设新的伟大工程的实践中,深刻回答了建设什么样的长期执政的马克思主义政党、怎样建设长期执政的马克思主义政党这两个历史之问、时代之问、人民之问,充分彰显了永不自满、永不懈怠,永葆自我革命精神的历史自觉和历史主动。必须坚定不移贯彻"九个坚持",在新时代把党的自我革命推向深入,以伟大自我革命引领伟大社会革命。

当然,我们党可以做的远远不止这些。研究利益集团理论的美国学者戴维·杜鲁门在其《政治过程》一书中展示了由利益集团控制的美国政治在国家方向发生漂移或出现问题时由全国性潜在利益集团站出来主动矫正错误、把稳美国方向之舵的故事。尽管美国的政治逻辑与中国并不相同,其自我纠错的途径也不适用于中国,但其揭示的规律却值得借鉴:一个成熟定型的政体首先应该形成一套内嵌的自我矫正、自我纠错机制。在当代中国,也亟须形成党要管党、全面从严治党的体制机制。

　　坚持自我革命永远在路上,意味着我们党必然坚持"大党建"思维,即以党的领导把方向、党的建设给力量,党的领导谋全局、党的建设促定局。把党的自身建设与党治国理政一切工作紧密结合起来,实现党的建设、国家和社会建设相互作用、相互促进、相得益彰。在党的建设中,要牢牢抓住党的政治建设和党的思想建设这两个"牛鼻子",推动社会革命,不断增进蕴藏于人民之中的正义和真理力量,最终通过人民监督,把正义和真理力量再次输入党内,形成生生不息的党的自我革命的内生动力。党的二十大报告对此作出了战略安排,在具体部署上把党的政治建设和思想建设摆在第一和第二的位置。在加强政治建设上,作出了坚持和加强党中央集中统一领导,实现党的团结统一的战略安排;在思想建设上,强调坚持不懈用习近平新时代中国特色社会主义思想凝心铸魂,全面加强党的思想建设。

　　坚持自我革命永远在路上,必须深化拓展党的整体功能,从而形成党的建设合理布局。党的建设布局取决于党组织的功能构成,只有党的整体功能构成成熟定型,党的建设布局才会成熟定型。比如,党的组织具有政治功能、组织功能、服务功能,以党的政治功能把方向、党的服务功能铸活力、党的组织功能塑秩序,这些功能的充分发挥决定了党的建设的科学布局。以政治功能为例,党的十九大提出新时代党的建设总要求,展示了党的建设新布局,最显著的特征是把党的政治建设摆在首位并发挥统领作用,实践证明这是应对"四大考验""四种危险"的最可靠的保证,特别是成功应对市场经济考验的最可靠保证。党的二十大报告还特别强调增强党组织的政治功能和组织功能,要求坚持大抓基层的鲜明导向,把基层党组织建设成为有效实现党的领导的坚强战斗堡垒。

坚持自我革命永远在路上,必须完善党的自我革命制度规范体系。2021 年 11 月 11 日,习近平总书记在十九届六中全会第二次全体会议上指出:"党的十八大以来,我们党以前所未有的勇气和定力全面从严治党,打了一套自我革命的'组合拳',形成了一整套党自我净化、自我完善、自我革新、自我提高的制度规范体系。"党的二十大报告对完善党的自我革命制度规范体系作出了战略安排,包括强调以党章为根本、以民主集中制为核心、进一步完善党内法规制度体系、健全党和国家监督体系、发挥党的政治监督和政治巡视作用、落实党内问责制度等。

当前,实现中华民族伟大复兴进入不可逆转的历史进程,中国共产党带领全国各族人民正在意气风发向着第二个百年奋斗目标迈进。但与此同时,百年未有之大变局下,将来我们面临的风险考验只会越来越复杂,甚至会遇到难以想象的惊涛骇浪。我们面临的各种斗争不是短期的而是长期的,将伴随实现第二个百年奋斗目标全过程。

所以,我们必须时刻保持解决大党独有难题的清醒和坚定,决不能滋生已经严到位、严到底的情绪,决不能有停一停、歇一歇的想法,更不能高枕无忧,以为万事大吉。要以"咬定青山不放松"的执着奋力实现既定目标,以"行百里者半九十"的清醒不懈推进中华民族伟大复兴,以"永远在路上"的坚韧执着推进全面从严治党。我们必须保持对"腐蚀""围猎"的警觉,保持"赶考"的清醒和"答题"的姿态,用这份勇气、这颗真心和这种实力把党的自我革命进行到底!

宣讲者手记

作为一名马克思主义理论专业的硕士研究生,自我革命已经不仅仅是停留于课本的理论知识,而成为贯穿于我个人学习、工作、生活的锦囊妙计。将自我革命的宝贵品质熔铸在精神血脉里,并将其展现为一种坚持真理、修正错误的崇高追求,一种革故鼎新、守正出新的胆识魄力,一种刀刃向内、无私无畏的政治勇气,始终激励着我不忘来时路、走好脚下路、开辟未来路。新时代新征程,我们都需要用自我革命精神锤炼自己,永葆"赶考"的谨慎姿态、"永远在路上"的自省自励,坚持思想上的改造丝毫不放松,严格自律的标准丝毫不放松,抓整改的力度丝毫不放松,使自我革命与个人成长相辅相成、相互促进。

唐溢,上海交通大学马克思主义学院马克思主义理论专业2022级硕士研究生

人与自然和谐共生：
气候变化呼唤绿色发展

党的二十大报告指出："中国式现代化是人与自然和谐共生的现代化。人与自然是生命共同体，无止境地向自然索取甚至破坏自然必然会遭到大自然的报复。我们坚持可持续发展，坚持节约优先、保护优先、自然恢复为主的方针，像保护眼睛一样保护自然和生态环境，坚定不移走生产发展、生活富裕、生态良好的文明发展道路，实现中华民族永续发展。"

上海交通大学海洋学院积极响应国家"海洋强国"战略，致力于培养海洋科学领军人才。海洋对气候变化具有不可低估的重要性。海洋吸收大气中大量的碳和余热，而且是地球上最庞大的生命支持系统，也是最重要的生命支持系统之一。面对气候变化这一全球性危机，党的二十大报告指出："中国式现代化是人与自然和谐共生的现代化。"今天让我们一同从科学角度深入学习这句话背后的含义。

一、脆弱的"亚洲水塔"

我国的青藏高原也是世界屋脊，我们的骄傲。但是，大家知道它的另外一个名字吗？那就是"亚洲水塔"。为什么给它起了这样一个名字呢？因为它不仅孕育了三江源的三江，即长江、黄河、澜沧江，还孕育了雅鲁藏布江、印度河、恒河等13

条亚洲的大江大河。它看起来是这么辽阔雄健,好像没什么能改变它,就像它过去的数万年一样。然而,实际上它却十分的脆弱敏感。

据第二次青藏高原综合科学考察研究的最新数据,"亚洲水塔"正在发生剧烈变化。下面我分享两个数据给大家。全球平均温度每十年增加 0.17℃,而亚洲水塔每十年增温 0.3~0.4℃,是全球平均值的两倍。这样异常快速的增温带来一个非常严重的后果:最近五十年,"亚洲水塔"的冰川存量整体上处于亏损状态,冰川储量减少约 20%,面积减少约 18%,这会直接影响下游地区的水供给,2022 年暑假期间闹得沸沸扬扬的四川停电事件未来有可能频繁出现。当然受影响的不只是四川,三江周边地区都可能有用水压力。实际上,"亚洲水塔"的影响不只局限于亚洲,通过与南北极的联动,其影响波及全球。"亚洲水塔"虽然地理上位于我国,但是从其影响辐射的程度来看,也是全世界的命脉。

习近平总书记在第二次青藏科考启动时说道:"开展这次科学考察研究,揭示青藏高原环境变化机理,优化生态安全屏障体系,对推动青藏高原可持续发展、推进国家生态文明建设、促进全球生态环境保护将产生十分重要的影响。"[1]

二、绿色发展的伟大成就

党的十八大以来,党中央高度重视社会主义生态文明建设,坚持把生态文明建设作为统筹推进"五位一体"总体布局和协调

---

[1]　习近平:《论坚持人与自然和谐共生》,中央文献出版社,2022 年,第 80 页。

推进"四个全面"战略布局的重要内容之一。

党的二十大报告指出,中国式现代化是人与自然和谐共生的现代化。报告指出,推动绿色发展,促进人与自然和谐共生,并提出四大举措:加快发展方式绿色转型;深入推进环境污染防治;提升生态系统多样性、稳定性、持续性;积极稳妥推进碳达峰碳中和。这不只是二十大报告中的文字,更是已经写在祖国大地上的伟大成就。

2022 年 2 月 4 日至 2 月 20 日举办的北京冬奥会是一场名副其实的绿色奥运会。熊熊燃烧的火炬变成了圣洁、灵动的小火苗;原来的首钢老工业园区摇身一变,成了独具风格的首钢大跳台。这些都是我们亲眼所见的,但更大的变化还在我们看不到的地方:所有的运动场馆都实现了绿电运营,向全世界展示了中国绿色发展的巨大变革。

此外,之前被认为是废物的秸秆,变成环保的一次性餐具走入我们的日常生活,不仅解决了之前屡禁不止的秸秆燃烧问题,提升了空气质量,还减少了白色污染,保护了生态环境。

截至 2019 年,我国已经建立了共计 2 750 个陆域自然保护区,覆盖了 147 万平方千米的国土面积,占我国陆地面积的15%,为我们留住了绿水青山,切实保障了我国多种多样的生态系统。我国最大的光伏发电基地——青海塔拉滩光伏产业园,发展出了光伏加牧场模式,实现了一举四得:光伏发电获得了绿色能源;绿色植被起到了防沙固沙的作用,减少了水土流失;牧民靠放牧获得了增收;消费者获得了肉质鲜美的"光伏羊"。

诸如此类的国家层面的实例还有很多,不再一一列举。与此同时,"爱国荣校"的交大人同样贡献了自己的一份力量。2017 年中英低碳学院成立,这是国内首家低碳学院,致力于为中国应对全球气候变化提供解决方案。2018 年氢科学中心成立,这是国内首家氢能源、氢医学、氢农学交叉平台,助力国家能源转型。2021 年,为积极响应国家号召,碳中和发展研究院成立,它定位于"碳中和"高端智库和"碳中和"技术促进,助推国家实现"双碳"目标。

三、气候治理任重道远

气候变暖的影响在百年尺度甚至千年尺度上是不可逆转的,这是气候系统内在特性所决定的。也就是说,我们现在和未来的很长一段时间要承受气候变暖带来的影响。所以,从自然科学角度,限制全球变暖就必须要限制二氧化碳的排放,达到碳中和。

极端气象和气候事件的频发,其中一个表现是台风。台风正在变得越来越强,这意味着台风造成的危害越来越大。我们可以把台风视为一个卡诺热机系统,这和引发第一次工业革命的蒸汽机的原理是一样的:温暖的海洋是热源,高层的大气作为冷源,下面是等温膨胀过程,上面是等温压缩过程。这台"台风牌"卡诺热机的效率取决于热源海洋的温度。而全球变暖的一个表现就是海洋在变得越来越暖,这就意味着卡诺热机的效率越来越高。对于我们人类来说,就是台风的风速越来越大。复旦大学的王桂华教授团队在《自然》(Nature)发文指出,在过去的 30 年,台风的确变得越来越强。台风的能量源于海洋,登陆后会很快衰减，所以很难在内陆地区长驱直入，但这并不代表台风的影响不能影响内陆。

2021 年，大自然给我们人类上了一课。2021 年 7 月 20 日，郑州突发强降雨事件，严重威胁了人民的生命财产安全。为什么郑州会遭遇这次威力巨大的强降雨的事件呢？幕后凶手竟然是还远在东海上面的台风"烟花"。台风"烟花"是一个逆时针旋转系统，如同一台功率巨大的发动机，将水汽源源不断地从海洋运到中原，造成了这次强降雨事件。

2021 年夏天，欧洲和北美的日子也很糟糕。几乎就在郑州降雨的同一时间，欧洲遭遇了千年一遇的洪水，使数千人失踪死亡。北美则是野火遍地，仅仅一个科罗拉多州经济损失就超过 20 亿美元。

这些让我们蒙受巨大损失的案例再一次告诉我们，气候变化下，地球上没有哪一个国家、哪一个城市，甚至哪一个人可以独善其身。覆巢之下，岂有完卵？这场战役，中国不能缺席，我们必须共同应对，为了中国 14 亿人民，更是为了我们全人类的未来！

面对这么严峻的形势，我们不能松懈，要撸起袖子加油干。应对气候变化，我们除了要通过转变发展方式，推进产业革命等战略来减缓气候变化，也要通过科学认识致灾规律来适应气候变化。

2021 年，我们经历了强降雨、洪水、野火；2022 年，我们又经历了千年难遇的高温。但是我想说，即使面对这些，我们仍然要以同样的热情爱这个地球，构建人与自然生命共同体，因为这是我们唯一的家园。

宣讲者手记

在整理这篇稿件的时候,河南郑州强降雨事件已经过去了两年多,可能已经被大多数人淡忘。现在令大家记忆犹新的可能是 2023 年台风"杜苏芮"给北京、河北带来"半世纪最大暴雨"。作为海洋科学专业的一名学生,原本对我的专业和我的研究能给中原大地带来什么,我并没有充分认识。但是当郑州强降雨发生时,我才深刻地意识到气候变化一定要共同应对。

高聪,上海交通大学海洋学院海洋科学专业 2021 级博士研究生

青春篇

新时代青年的责任担当

青春逐梦：
青年负志气，追梦新时代

党的二十大报告指出："广大青年要坚定不移听党话、跟党走，怀抱梦想又脚踏实地，敢想敢为又善作善成，立志做有理想、敢担当、能吃苦、肯奋斗的新时代好青年，让青春在全面建设社会主义现代化国家的火热实践中绽放绚丽之花。"

一、树立正确理想信念

立志者，有为之本。正确理想信念是青年人生发展的指路明灯。2023 年 6 月，习近平总书记在中南海同团中央新一届领导班子成员集体谈话时强调，党和国家事业的希望寄托在青年身上，希望共青团中央深入贯彻党中央要求，切实肩负起新时代新征程党赋予的使命任务，传承弘扬优良传统，坚持改革创新，更好把青年一代团结凝聚在党的周围，为推进强国建设、民族复兴伟业接续奋斗。青年的理想信念关乎国家未来。青年理想远大、信念坚定,是一个国家、一个民族无坚不摧的前进动力。理想信念的坚定,源于思想理论上的清醒坚定。习近平总书记指出:"理论上清醒,政治上才能坚定。坚定的理想信念,必须建立在对马克思主义的深刻理解之上,建立在对历史规律的深刻把握之上。"①新时代中国青年当把理论学习作为一种生活习惯和精神追求加以培养,坚持读原著学原文悟原理,坚持多思多想、学深悟透,全面学习领会习近平新时代中国特色社会主义思想的科学体系、精髓要义、实践要求,做到整体把握、融会贯通。理论学习的最终目的在于应用,要大力弘扬马克思主义学风,坚持问题导向,坚持知行合一、学以致用,在深学细悟笃行中提高理论素养、坚定理想信念、增强能力本领,把树立正确的理想、坚定的信念作为立身之本,努力成长为堪当民族复兴重任的有志青年。

二、提升责任担当意识

志行万里者,不中道而辍足,担负时代使命是新时代青年成长的必由之路。习近平总书记指出:"明天的中国,希望寄予青年。青年兴则国家兴,中国发展要靠广大青年挺膺担当。"②"国家的前途,民族的命运,人民的幸福,是当代中国青年必须和必将承担的重任。"③当代中国青年与新时代同向同行、共同前进,既面临着难得的发展际遇,又肩负着时代赋予的伟大使命。强国建设、民族复兴的接力棒,落在青年一代身上。新时代中国青年要承担

---

①　习近平:《习近平谈治国理政》(第二卷),外文出版社,2017 年,第 35 页。
②　习近平:《论党的青年工作》,中央文献出版社,2022 年,第 146 页。
③　习近平:《论党的青年工作》,中央文献出版社,2022 年,第 111 页。

起时代赋予的重任,时刻铭记对党的责任、对国家的责任、对民族的责任、对人民的责任,做到知责于心、担责于身、履责于行。青年敢担当,是一个国家和民族兴旺发达的希望所在。当前,世界百年未有之大变局加速演进,中华民族伟大复兴进入关键时期,广大青年面临的风险挑战明显增多,在发展过程中还有不少困难和问题,需要拿出"狭路相逢勇者胜"的势头,怀揣"初生牛犊不怕虎"的锐气,发扬"越是艰险越向前"的精神,勇当先锋、勇挑重担,深入基层、深入一线,不畏风险、迎难而上,在党和人民最需要的时刻冲得出来、顶得上去,时刻保持顽强的斗争精神、坚韧的斗争意志,不断提高担当能力和本领,勇立时代潮头,争做时代先锋。

三、无畏前路艰难险阻

益重青青志,风霜恒不渝,事不避难是青年建设伟大事业的宝贵精神。习近平总书记在给中国农业大学科技小院的同学们的回信中,高度肯定了新时代中国青年"自找苦吃"的精气神,这既是对新时代中国青年的充分肯定,也是对新时代中国青年的殷切期望。习近平总书记指出:"青年时代,选择吃苦也就选择了收获,选择奉献也就选择了高尚。"[①]"吃苦"是青年成长成才的必经之路,具有丰富的时代内涵与实践要求。随着时代的变化与发展,"吃苦"的内在要求和外在形式也在不断变化。随着全面小康的胜利实现,很多情况下,"苦"不再是传统意义上缺衣少食的物质之苦,而是在抢险救灾的前线,为了人民群众生命财产安全,冲锋陷阵、不怕牺牲;是在乡村振兴的主战场,为加快推

---

① 习近平:《论党的青年工作》,中央文献出版社,2022年,第23页。

进农业农村现代化,勇毅前行,奋勇攀登;是在科技攻关岗位,为了解决"卡脖子"技术难题,甘坐冷板凳;是在祖国的边疆,为了维护国家安全和人民利益,默默守候于无数日夜晨昏……新时代中国青年应当增强"想吃苦"的自觉,主动承担急难险重任务,主动到艰苦的环境接受磨炼;壮大"敢吃苦"的胆识,面对棘手任务时敢于冲锋陷阵,面对逆境挫折时敢于不屈不挠;磨砺"能吃苦"的品质,勇于到经济建设主战场、社会建设新领域、科技创新最前沿、重点项目第一线、基层实践大熔炉接受考验,在吃苦中历练报效祖国的远大志向、不屈不挠的意志品质、乐观向上的精神状态。

四、练就过硬本领

学所以益才也,砺所以致刃也,过硬的本领是青年实现人生理想的重要基石。习近平总书记指出:"年轻干部要成为栋梁之才,既要德配其位,也要才配其位。要胜任领导工作,需要掌握的本领是很多的。最根本的本领是理论素养。"①当前,我国正处于迈上全面建设社会主义现代化国家新征程、向第二个百年奋斗目标进军的关键时刻,实现中华民族伟大复兴,青年一代重任在肩,是见证者,更是建设者。中国共产党为什么能,中国特色社会主义为什么好,归根到底是马克思主义行,是中国化时代化的马克思主义行。马克思主义是青年认识世界、把握规律、追求真理、改造世界的强大思想武器,其立场、观点、方法是做好工作的看家本领。梦想自学习启航,事业依本领结果。广大青年应加强理论学习、提升理论功底,以达到运用党的创新理论最新

---

① 习近平:《努力成长为对党和人民忠诚可靠、堪当时代重任的栋梁之才》,《求是》2023 年第 13 期。

成果观察形势、分析情况、解决问题的能力。此外,广大青年还应做到理论与实践相结合,走出"象牙塔",把目光投射到更广阔的天地中去,在实践中学真知、悟真谛,加强磨炼、练就本领,从而为国家和社会作出贡献。

五、走好成长成才道路

功崇惟志,业广惟勤,脚踏实地是青年走好成长成才道路的牢固根基。习近平总书记指出:"青年是整个社会力量中最积极、最有生气的力量,国家的希望在青年,民族的未来在青年。"今天,支撑青年发展的物质条件显著改善,中国青年的生活水平整体跃升,精神成长空间也更为富足,但也面临就业难等问题。有些青年遭遇挫折后选择了"摆烂""躺平",带有消极意味的"孔乙己文学"在青年中悄然流行。如果青年们思想上还有所谓"脱不掉的长衫"的包袱,被"长衫"束缚住自己的个人发展,那么将很可能无法在广阔天地中实现更高质量和更充分的就业。广大青年应意识到,无论身处怎样的时代环境,一个人总会遇到困难,但面对困难是自暴自弃、绕道而行,直接"躺平",还是迎难而上、战胜自我,拒绝"摆烂",考验着每个青年人抉择的勇气和坚持的毅力。只有脱掉了思想上的"长衫",中国青年们才能真正跑起来,真正矢志接力奋斗,用青春的生命力和创造力激荡起民族复兴的澎湃春潮,用青春的智慧和汗水打拼出一个更加美好的中国!

青年强,则国家强。习近平总书记在同团中央新一届领导班子成员集体谈话时强调,青年人有理想、敢担当、能吃苦、肯奋斗,中国青年才会有力量,党和国家事业发展才能充满希望。当今世界百年未有之大变局加速演进,不稳定、不确定、难预料因素增加,全面建设社会主义现代化国家、实现中华民族伟大复兴任重道远。每一代人有每一代人的长征路,每一代人都要走好自己的长征路。新时代新征程,广大青年应充分发扬有理想、敢担当、能吃苦、肯奋斗的特质和精神,争做堪当民族复兴重任的时代新人,用脚步丈量祖国大地,用眼睛发现中国精神,用耳朵倾听人民呼声,用内心感应时代脉搏,把对祖国血浓于水、与人民同呼吸共命运的情感贯穿学业全过程、融汇在事业追求中,在实现中华民族伟大复兴的时代洪流中绵绵用力,久久为功,传递属于中国青年的时代强音。

宣讲者手记

　　自加入"声入人心"宣讲团以来,我得到了更多深入学习党的理论的机会。在不断地学习中,我更加深刻地认识到中国共产党为国家、为人民、为民族、为世界作出的彪炳史册的百年伟大贡献。我们是与新时代同向同行、共同前进的一代,生逢盛世,肩负重任。身为博士生,在科学研究上我钻研攻关,力求突破;身为学工人,在学生工作上我孜孜不倦,不懈奋斗;身为志愿者,在工作岗位上我默默奉献,勇敢逆行;身为实践人,在祖国大地上我履践致远,知行合一。未来,我将继续牢记党的教诲,在青春的赛道上奋力奔跑,争取跑出当代青年的最好成绩。这是值得期许的未来,这是正在发生的历史。

　　钱旭升,上海交通大学材料科学与工程学院材料与化工专业2021级博士研究生

乡村振兴：
奋楫乡村热土, 跃动青春脉搏

党的二十大报告指出："全面建设社会主义现代化国家, 最艰巨最繁重的任务仍然在农村。坚持农业农村优先发展, 坚持城乡融合发展, 畅通城乡要素流动。加快建设农业强国, 扎实推动乡村产业、人才、文化、生态、组织振兴。"

一、初心如磐, 吹响乡村振兴的时代号角

民族要复兴, 乡村必振兴。作为拥有 14 亿人口的大国, 面对世界百年未有之大变局, 在国家所构建的"纵向到底"与"横向到边"社会治理结构中, 乡村作为中国政治、经济与社会整体发展的稳定器, 在保障粮食安全、建设强势农业、畅通城乡经济、实现融合发展等方面都具有重要作用。党的二十大报告强调, 当前我国社会主要矛盾在于人民日益增长的美好生活需要和不平衡不充分的发展之间的矛盾。过去我国的农村发展与城市建设在公共服务、资源配置、生活水平等方面长期存在着较大差距, 在经济社会快速发展、国家"三农"发展战略推进要求下, 乡村振兴战略是长期以来党对城乡工农关系的历史性总结, 关系到农业农村发展由量变到质变, 由间接性变革向革命性变革的历史必然, 更是全面建成小康社会、全面建设社会主义现代化强国的历史必然, 其契合了"两个一百年"目标的战略节点, 将国家意

志、执政党意志与广大人民群众意志高度统一,联结了政府治理、社会参与和群众自治,是政党能力与基层活力相结合的重要体现,对于解决中国长期存在的城乡二元体制机制矛盾,推进城乡融合发展与共同富裕,促进国家治理体系和治理能力现代化都具有重大意义。

当前,中国正在向第二个百年奋斗目标迈进。党的二十大擘画蓝图,正锚定以中国式现代化全面推进中华民族伟大复兴。新时代既赋予乡村发展新的时代要求,也给乡村发展带来新的机遇和挑战。党的二十大报告指出:"坚持农业农村优先发展,坚持城乡融合发展,畅通城乡要素流动。加快建设农业强国,扎实推动乡村产业、人才、文化、生态、组织振兴。"全面实施乡村振兴战略涉及加快发展乡村产业、加强社会主义精神文明建设、加强农村生态文明建设、深化农村改革、实施乡村建设行动、推动城乡融合发展见实效、加强和改进乡村治理七大重点方面,其深度、广度、难度都不亚于脱贫攻坚;与此同时,新型农民、村庄规划、制度性供给、农业现代化等一系列新词语、新举措的出现,也体现出乡村建设发展趋势上的与时俱进,需要同时兼顾乡村现代化转型的内生性和外生性,充分发挥多元主体参与的协同效应,来满足乡村民众对美好生活多样化、差异化、动态化的需求。新鲜血液的涌入已成为推进乡村振兴的逻辑使然和实践必然。

二、青春赋能,凝聚乡村振兴的蓬勃合力

乡村振兴,关键在人。想要书写好这篇"全域、全员、全方位"的乡村振兴大文章,就要培养造就一支懂农业、爱农村、爱农民的"三农"工作队伍,就要充分体现广大党员干部的领导核心

作用,将党组织的意志要求和影响力传输到基层各个领域,同时汇集各类人才大施所能、大展才华,大显身手,统筹各方力量,强化协调配合,找到最大公约数,画好最大同心圆。党的二十大报告指出:"时代总是把历史责任赋予青年。新时代的中国青年,生逢其时、重任在肩,施展才干的舞台无比广阔,实现梦想的前景无比光明。"青年是整个社会力量中最积极、最有生气的力量,民族复兴、乡村振兴与青年作为从来都是相互统一的。广袤的乡村热土上承载着伟大时代使命,青年发展与乡村振兴的同频共振已成为时代的召唤。当代青年和国家命运、中国梦与青春梦之间的关系,就蕴含在这片飞扬的热土之上、澎湃的春潮之中。

时代滋养责任厚土,青年有为构筑了乡村振兴的磅礴动力。2018年,《中共中央　国务院关于实施乡村振兴战略的意见》发布,习近平总书记多次鼓励广大青年在打赢脱贫攻坚战中尽锐出战,在全面推进乡村振兴中担当作为。截至2023年9月,西部计划、研究生支教团项目已累计招募21.1万余名高校学生到2 000多个基层地区开展乡村教育、基层青年工作、乡村社会治理、援疆援藏等志愿服务,为西部乡村基层地区引"人"、汇"智"、留"才";连续8届开展的"创青春"中国青年创新创业大赛农业农村、乡村振兴专项赛共计投入3 000余万元支持乡村青年创业项目近1 500个;共青团"青耘中国"直播助农活动8 000余场,助力销售农产品超6亿元。从青苗计划到春雁行动,从"三支一扶"到乡村振兴青年人才专项志愿者,这些蓬勃涌现的基层青年工作帮助了乡村更好地引进人才、留下人才,也让乡村的广阔天地愈加成为青年人实现梦想的大舞台。他们以实际行动不断证明：乡村从来都不是区隔封闭、贫困凋敝的僻壤，而是社会发展鲜活的血液，是现代化宏大叙事中富有生命的跳动的脉搏，是广大青年施展拳脚、实现理想抱负的最佳场所。

实践开拓发展新局，青年敢为激活了乡村振兴的创新潜力。一则"24岁当上村支书"的短视频近日收获了200多万的点赞，其主角是一位"95后"村支书张桂芳，大学毕业的她回到家乡三家村后高票当选村党支部书记、村民委员会主任。她带领大家修水管，清理河道，修图书馆，建电影放映室、篮球场、公共厕所等，并找到墙绘师给村里的房子画上涂鸦，一道道靓丽的风景线吸引了大量游客前来观赏。如今，三家村已成为远近闻名的"彩虹村"。"90后"香港青年罗伟特毕业后选择在大湾区当"新农人"。他从种菜养鱼、砌水泥接水管开始学起，一路从村民身上汲取着传统农业的精华，同时糅合以现代农业的循环概念，打造出了"鱼菜共生"生态体系，年营业额超过1 200万元。罗伟特还在传统的桑基鱼塘上建起了鱼蔬农场，主打亲子农业体验游，在当地掀起了新式研学的"农"卷风，项目荣获第六届中国青年创新创业大赛农业农村组全国金奖。在广袤的乡土大地上，无数青年正在扎根于基层一线，发挥着自己的聪明才智，将自身的学习探索与农民群众丰富的生产生活经验相结合，用创新的思路、开阔的视野为当地建设注入新鲜动能，以实际行动丰富和盘活发展资源，用喷薄奔涌的创新活力展示乡村变革的生动实践。

奋斗绽放青春之花，青年善为汇聚了乡村振兴的多元活力。如何实现更有力的举措、汇聚更强大的力量，既需要科技人才、管理人才的培养，也需要对能工巧匠、乡土艺术家的挖掘；既需要有号召力的带头人、有行动力的追梦人,也需要善经营的"农创客"、懂技术的"田秀才"。一批批"90后""00后"青年正在涌入乡村,他们有的深入调查乡村基层,完成了一份份关于乡村社会治理、产业发展、乡风文化的调研报告;有的成为大学生村官,坐在村民的炕头与他们贴心交谈,访民情问民意,想群众之所想、解群众之所困,解决了一批批民众"急难愁盼"问题;有的探索"互联网＋农业"模式,用现代化互联网技术包装农产品,以直播带货宣传销售等多元方式拓宽村民增收渠道;有的站上了三尺讲台,用爱心与知识拓宽山区孩子们的视野,照亮他们的内心世界;有的秉持工匠之心加入传承非遗文化的队伍,为传统文化注入时代温度⋯⋯这些分布于各行各业的青年们正在自己热爱、擅长的领域里发光发热,以不懈奋斗书写着乡村振兴的斑斓画卷,为乡村的"生态美、产业兴、百姓富"贡献着百花齐放的青春合力。

三、久久为功,在奋楫乡村热土的征程上奋进实干

历史和现实都告诉我们,青年一代有理想、有担当,国家就有前途,民族就有希望,实现我们的发展目标就有源源不断的强大力量。50多年前的习近平总书记曾在梁家河与社员们种地铡草、挖石背沙、夯筑大坝、修建沼气池,改善了乡亲们的生活质量,也把青春热血镌刻在了历史的丰碑上。今天的我们已踏上了新时代的"赶考之路",也接过了父辈手中奋斗的接力棒。

在奋楫乡村热土的征程上,第一要心怀"国之大者",厚植爱农情怀。青年应当自觉践行"到祖国和人民最需要的地方去"的

铮铮誓言,深刻认识到农民群众在革命、建设、改革等各个历史时期所付出的辛劳,筑牢以人民为中心的理念,带着强烈的"三农"情怀和责任担当,关心农村、支持农业、带动农民;主动奔赴乡村振兴主战场,在"三支一扶"等计划中积极参与支农、支教、支医事业,在返乡创业中带动村民增收致富;扎根服务群众第一线,将自身追求汇入时代发展脉络,把对乡村的热爱之情融入血液里、体现到工作中;更深入地了解农民、理解农民,时刻为农民利益着想,了解群众的所想、所盼,用所思、所学努力改善乡村发展面貌,增强村民们的获得感、幸福感、安全感;履行好"请党放心、强农有我"的铮铮誓言,做好手头上的每一件小事,一步一个脚印稳步向前,努力成为"懂农业、爱农村,爱农民"的栋梁材,向最难之处攻坚,映照服务人民的初心。

第二,要勇于探索实践,履行强农担当。想要答好乡村振兴这张考卷,就必须练就"实干兴邦"的务实,在充分了解与调研的基础上,锻炼长期面对困难、克服挫折的信心和勇气;积极投身乡村振兴一线,深入群众、深入基层、深入实践,不驰于空想,不骛于虚声;练好调查研究基本功,在调研走访中摸准民情民意的"基础账",在发现问题中为村民办实事,用脚踏实地的工作推进民生工程的改善;把实践作为最好的课堂,切实解决服务乡村的"本领恐慌"和"能力危机"问题,让双脚扎进泥土里,把论文写在祖国大地上。青年群体应争当与时俱进、敢于创新的开拓者,充分发挥青年思维活跃、创意丰富、主动性强等优势,结合自身专长与能力,挖掘、激发、唤醒乡村特有的资源禀赋和文化软实力,同时积极投身于"互联网+现代农业"、智慧农业、休闲农业、众筹农业、定制农业、农商融合等新兴业态,释放农业生产、消费价值,因地制宜探索培育特色产业,打造特色品牌,在知行合一、学思贯通中全面激发乡村发展新动能。

第三,要坚持共同奋斗,锤炼兴农本领。"谦虚谨慎、艰苦奋斗"的优良作风是中国共产党永葆先进性,不断从一个胜利走向另一个胜利的重要法宝。投身乡村振兴不能仅靠一腔热血,更不能躺在功劳簿上止步不前,而要时刻保持清醒头脑与敏锐眼光,锻炼"不忘初心、砥砺前行"的干劲,发扬"攻坚克难、舍我其谁"的精神,打磨"路漫漫其修远兮,吾将上下而求索"的意志,坚定"咬定青山不放松"的毅力;勇于挑最重的担子,啃最硬的骨头,继承和发扬吃苦耐劳、自力更生、艰苦奋斗的精神;精神上不怕吃苦、环境上不避艰苦,逢山开路、遇水架桥,于田间地头"俯下身子、沉下心来";和农民想在一起、干在一起,说"乡土话"、沾"泥土气",不畏一腿泥、一身汗,不怕晒黑掉皮,多经历黄土地上的摔打、挫折、考验;知难而进、迎难而上,在平凡微小的岗位上潜心奋斗,在急难险重的任务前奋勇当先,在"自找苦吃"中跨越坎坷、练好本领,在斗争实践中不惧风雨、涉险过滩,走好乡村发展、乡村建设、乡村治理的"赶考"路。

在上海交通大学就业中心的大楼前,悬挂着这样一句标语:祖国终将选择那些选择了祖国的人。走入乡村,不是遁入了幻想避世的桃源,而是要看到现代化宏图与乡村蹒跚发展的现状,并努力成为新征程上传递希望、建设美好的实干者与奋斗者。广大青年应把个人理想追求融入党和国家事业之中,扎根乡村广阔大地,用汗水浇灌梦想,用奋斗诠释担当,用脚步丈量大地,敢想敢为又善作善成,勇做身怀本领的"新农人"、实干担当的"领头雁",执青春之笔,谱时代华章,绘就振兴乡村新画卷。

宣讲者手记

　　通过素材整理与宣讲实践,我更加深切地感受了作为一名当代青年的责任担当。作为一名马院学子,在日后的学习与工作中,我将更加坚定地"在马言马""信马研马",扎实理论知识,传播真理力量;通过勤奋刻苦地学习来理解马克思主义理论的科学性和真理性,站在人类社会发展史与中国特色社会主义制度的高度来诠释马克思主义中国化的强大生命力;在心怀"国之大者"与聚焦"民之小事"的双向奔赴中锤炼责任担当、把国家所需和个人所能更好地结合起来。

　　许张琨琦,上海交通大学马克思主义学院马克思主义理论专业 2022 级硕士研究生

科技自立自强：
燃青春力量，筑科技"硬核"基础

党的二十大报告寄语青年："青年强，则国家强。当代中国青年生逢其时，施展才干的舞台无比广阔，实现梦想的前景无比光明。全党要把青年工作作为战略性工作来抓，用党的科学理论武装青年，用党的初心使命感召青年，做青年朋友的知心人、青年工作的热心人、青年群众的引路人。广大青年要坚定不移听党话、跟党走，怀抱梦想又脚踏实地，敢想敢为又善作善成，立志做有理想、敢担当、能吃苦、肯奋斗的新时代好青年，让青春在全面建设社会主义现代化国家的火热实践中绽放绚丽之花。"

一、从无到有：基础研究问题的关注源流

一年前，一位学习基础物理的同学向我吐槽："因为学基础物理，我时常被追问：基础物理到底能做什么？有什么用处？"结合这两个问题，再联系到社会上一部分人推崇"金钱至上"的观点，如果这种价值导向无形中在学生中蔓延开来，那么可能导致科技领域的精致利己主义、利益分化等成为青年选择职业时的主要价值矛盾。怎样才能让更多青年对这些问题予以关注，并破除假象，消除不良倾向？

众所周知，没有基础科技，任何前沿技术最终都是 0。例如，一部手机里面，凝聚了很多基础物理、基础化学的应用，比如

说半导体成像器件的相关研究曾获 2009 年的诺贝尔物理学奖，锂电池的相关研究曾获 2019 年诺贝尔化学奖等等。也就是说，如果没有这些基础研究的应用，就没有智能手机。在 2018 年的时候，曾经的知名手机制造商——中兴，就因为美国商务部禁止其从美国进口手机芯片而直接破产。因此，如果缺少基础研究的相关成果，手机等一系列与互联网相关的产业发展就无从谈起。

换言之，实现高水平科技自立自强需要"硬核"基础研究的支撑，为什么当前科学研究要打下"硬核"基础？"硬核"基础研究如何发挥作用？我们和"硬核"的基础研究到底有什么关系？我们可以做什么？通过思考与回答这些问题，让我们一起探寻背后的答案。

二、从 0 到 1：基础研究成为"非常之道"的策源之地

历史长河中，人类对科学的追求从未止步。我国在科研探索过程中选择打造"硬核"基础研究，用实力给出回应变局、突破困局、开辟新局的时代答案。

"登泰山而览群岳，则冈峦之本末可知也。"基础科学研究的积累，能够帮助我们从容应对变局。世界正处于新一轮科技变革和产业变革的历史交汇期，我们既面临着千载难逢的历史机遇，也面临差距拉大的严峻考验。中国比历史上任何时候都更需要建设科技强国。面对愈加动荡与不确定的时代，我们需要拥有处变不惊的能力。这种临危不惧的定力正是源自基础科学研究长期的扎根与沉淀。今天的关键技术诞生于昨天的基础研究，而今天的基础研究又在以难以预测的方式创造明天的核心

技术。"天眼"、上海光源、大亚湾反应堆中微子实验装置等重大科研基础设施投入使用,量子反常霍尔效应、多光子纠缠等研究达到世界领先水平,为我国开展世界级科研奠定了基础。中国基础研究整体实力提升是中国科技从"跟跑"进入"并跑"和"领跑"时代的底气。

"求木之长者,必固其根本;欲流之远者,必浚其泉源。"①基础科学研究的原创性能够帮助我们实现突破困局。但核心技术是要不来、买不来、讨不来的。基础研究是整个科学体系的源头,是所有技术问题的总机关,只有以自立自强打好科学研究的"地基",才有实现各种高端产业突破发展的动力。

思则变、变则通、通则达。基础科学研究的融通能够帮助我们开辟新局。随着信息社会的到来,知识迭代速度愈发加快、各领域交叉融合趋势愈发明显,学科间呈现出相互融合、彼此关联的现象,这为科技发展的进一步提速提供了新可能。基础研究的前沿布局集中于不同学科,尤其是科技工作者勇闯的"无人区",这是实现重大理论和实践问题开拓性探索的关键。"十四五"以来,我国科学研究围绕科技发展前沿领域,布局脑科学与类脑研究、纳米前沿、材料前沿、合成生物学、干细胞、深海深地等领域,实现引领性原创成果重大突破,催生新的前沿方向,奔赴中国科技发展的全新局面。

三、从研到用:基础研究中"无用之用"的无限可能

科学革命的浪潮改变了科学研究的基本范式。与此同时,

---

① 吴楚材、吴调侯:《古文观止》,中华书局,2011 年,第 492 页。

各国更加关注科技核心竞争力的提升与转化。新时代我国实现科技自立自强离不开现代化的运作模式,而实现现代知识生产与应用全链条的有效贯通,关键就在于提升基础研究的"硬核"实力。基础研究如此重要的原因就在于其关乎科技整体发展的质量、效率与规模。

首先,基础研究直接关乎转化质量。跨越基础研究成果产业化的鸿沟,关键前提是要有高质量的研究成果。一般而言,创新可划分为四类:基于工程学的创新、以客户为中心的创新、基于科学的创新、效益全能型的创新。其中,基于科学的创新是我们的弱项,也就是基础性研究。基于科学的创新是由科学研究直接推动、强烈依赖于科学发现的创新,具有不确定性高、对专业基础知识要求高、知识基础异质性高等特点。大力推动基于科学的创新是跨越基础研究成果产业化鸿沟的重要途径。以5G 的发展历程为例:5G 是当前具有代表性、引领性的网络信息技术。我国高度重视 5G 发展,将 5G 作为优先发展的战略领域。对于 5G 基础研究的重视使我们自 2019 年开始就逐步推出了商用 5G 服务,成为世界上发展该技术最早的国家之一,并逐步在该领域的"国际竞赛"中遥遥领先。截至 2021 年底,我国累计建成并开通 5G 基站 142.5 万个,总量占全球 60% 以上。《华尔街日报》发表评论文章称,中国在 5G 领域彻底击败了美国。但是仅仅从商业应用等领域来看,5G 最初在中国市场上其实并没有很高的需求;如果没有集中性的、长期投入性的国家引导,更没有目前的商业价值。近期,工信部发布了关于 6G 研发的指导通知。基于科学的创新又在掀起新的浪潮。

其次,基础研究关乎转化效率。2023 年 3 月 11 日,硅谷银行因"流动性不足与资不抵债"被美国联邦存款保险公司接管，引发美股银行板块动荡。作为一家长期服务美国科技初创企业的特色银行，硅谷银行的倒闭揭开了近年来美国初创企业所面临困局的冰山一角：独角兽企业所依赖的科学研究往往由资本热潮所决定，缺少扎实的基础研究成果与核心的理论研究，转化后大多技术应用场景不明，难以迅速产生现金流，无力持续消耗巨量资本。这也使我们认识到上游知识供给不足，盲目追逐资本与热度的"无政府"式科研转化的做法，往往会导致下游（试验发展研究）知识产出的推动力大大减弱。

最后，基础研究关乎转化持续。研究环境是遵循"丛林法则"还是形成良性生态，关乎应用转化过程是否可持续。科研评价对于基础研究具有引导作用。在我国科技自立自强的发展过程中，以"四唯"为核心内容的评价体系因其简单可行、便于量化、操作性强，曾经发挥了一定作用，但同时也导致了科技创新的功利化趋势。一些科研机构和科学家虽然拥有漂亮的论文数据，但实质性贡献却乏善可陈。近年来，接连出台的"破四唯"改革举措，使得科技创新的人才发展环境有了明显改观。通过深化构建多元包容的评价机制，我们逐步扭转了科研领域存在的"低水平重复"现象，为打造良性可持续的转化生态提供机制保障。

四、从知到行：新生力量的未来与可能

说起来，有些事确实让人倍感无奈——在大多数并不从事科研工作的朋友眼里，衡量科研工作者水平的"金标准"，就是他们的研究多么"有用"。因此，和那些能够较为直观地与社会生

产、经济民生挂钩的技术应用研究相比,基础科研常常给人留下"不知道有什么用"的印象,进而被有意无意地忽视。毕竟,和可以直接转化为成果的科研成就相比,基础科研领域的大多数成果都很难给普通人带来直接的影响。但是,基础科学领域的研究进展是科技进步的"总开关",可以为技术应用突破现有的天花板开拓出更加宽广的研发空间。各种高价值、高社会关注度的技术应用转化成果,反过来也有助于鼓励社会各界加大科研投入,从而反哺基础科研。

2023 年 5 月,上海交通大学微信公众号发布了一篇名为《C919 圆满完成首次商飞!交大智慧,一路护航》的推文。这篇推文分别介绍了上海交通大学不同的研发团队对于 C919 飞机的创造性贡献:航空航天学院的复合材料结构、材料工程学院的陶铝新材料、机动学院的专用刀具开发——其中涉及的化学和材料两个领域就是所谓的"天坑专业"。

以功利为目的的科研取向,或许能在短时间内推动科研工作的经济效益转化,但并不能为我国科研体系打下稳固的发展基石。如果我们的目标是全方位建设科技强国,就必须告别这些狭隘的认知,立足更广阔而有前瞻性的视野,从而让我国在基础科研领域"破局",进而引领更多关键性的技术突破。基础研究就是未来的核心科技导向。

党的二十大报告提出:"教育、科技、人才是全面建设社会主义现代化国家的基础性、战略性支撑。"在新时代从事基础研究工作责任重大,同时在我国现代化建设全局中占据重要地位。高水平科技自立自强要求青年一代要有志气、骨气、底气,要从"追赶世界科技前沿"转变到"敢为天下先"。我们有能力、有条件、有必要做出具有原创性、引领性的研究成果,提升我国科技事业的全球竞争力和话语权。

青年注定与时代同行。根据《第四次全国科技工作者状况调查报告》,2018 年我国科技工作者平均年龄为 35.9 岁。而在 2008 年和 2013 年的两次调查中,这一数据分别为 37.4 岁和 36.8 岁。"十三五"期间,我国青年科技工作者数量显著增加,已经成为我国科技人力资源的主体。青年科技人才正在担负重任、勇挑大梁,成为攻坚克难的排头兵。比如航天报国的"嫦娥"团队、"神舟"团队平均年龄是 33 岁,"北斗"团队平均年龄是 35 岁,国产大飞机 C919 的前期测试团队平均年龄只有 30 岁,"复兴号"高铁设计研发团队平均年龄不到 38 岁,中国科技大学潘建伟院士量子力学团队平均年龄是 35 岁……青年一代已经是基础研究领域的中坚力量。

习近平总书记在 2020 年 9 月 11 日的科学家座谈会上强调:"要高度重视青年科技人才成长,使他们成为科技创新主力军。"①2023 年 6 月 6 日,上海交通大学医学院举行"学习贯彻习近平新时代中国特色社会主义思想"主题教育读书班专题报告暨党委理论学习中心组(扩大)学习会。中国科学院院士、上海交通大学原校长张杰作专题报告,结合自己多年的科研经历和体会表示:由于历史的原因,我国基础研究在大多数情况下都是在回答别人提出的科学问题,原创性仍有不足。目前我国的科研投入总量已达世界第二,我们不能再一直做由别人"出题"的基础研究。新的历史发展阶段对我国基础科学研究提出了更

---

① 习近平:《在科学家座谈会上的讲话》,人民出版社,2022 年,第 9 页。

高要求,要发挥大科学研究范式的优势,在根本性科学规律的认识上实现重要突破。而培养和聚集一批具有原创能力的青年科技人才,是一个学科和领域未来发展的前提,也是提升一个国家科技竞争力和创新能力的关键。也许,对于在座的我们,"科学家精神"很遥远,但是在不久的将来,我们可能会是中坚力量的一员。有些同学看见了自己的导师飞上太空,我们也能看到从上海出发的 C919 大飞机。时代给予了我们机遇与可能性;在任何一个基础研究的领域,我们都可以看到属于自己未来的无限可能性。

为了实现理想,青年要耐得住寂寞。李政道先生在《对称与不对称》这本书中回答"什么是物理"这个问题的时候,提到了杜甫的诗《曲江二首》中的"细推物理须行乐,何用浮名绊此生"。他用这首诗介绍研究的乐趣,而不是用虚浮的荣誉束缚自身——这是一种对知识的纯粹的兴趣。在北京大学举行的一场学术报告会上,一位听众向中国科学院院士、中国科学院高能物理研究所所长王贻芳提问:如何抓住中微子这个"风口",获得赚钱的机会? 王贻芳回答:如果想要赚钱,那还是离中微子远一点。

有些人一讲到基础研究、前沿研究,就希望在短短几年中能够产生立竿见影的成效。抱有这种想法的人其实并未真正理解基础研究,并未把握基础研究的客观规律。要搞好基础研究,就不能太功利化,要抛弃基础研究会立竿见影地带来经济效益的幻想,摒弃短期和功利化的评价方式。

总之,"硬核"的基础研究注定是未来和时代的要求。在新时代从事基础研究工作,我们真切地感受到自身命运与党和祖国紧紧联系在一起,感受到青年在新时代新征程将拥有广阔的施展舞台。扎根微末,乘风而上,筑梦苍穹,国家力量与青年梦想同行。

宣讲者手记

　　我尝试从一个青年学生的视角,去思考青春与科技强国这两个宏大但又密切相关的命题,并结合在上海交大的所见所闻,用自己的表达方式进行阐述。也许内容呈现得有些青涩,但我希望通过自己的力量呼吁更多的青年来讨论这一主题。

　　薛可可,上海交通大学马克思主义学院马克思主义理论专业2022级硕士研究生

青春磨炼：
拒绝"躺平"和"内卷"，磨砺责任和担当

　　党的二十大报告指出："当代中国青年生逢其时，施展才干的舞台无比广阔，实现梦想的前景无比光明。全党要把青年工作作为战略性工作来抓，用党的科学理论武装青年，用党的初心使命感召青年，做青年朋友的知心人、青年工作的热心人、青年群众的引路人。"

　　即便在今天，发源于古希腊的"认识你自己"依旧是贯穿每一个青年的人生课题。在面临百年未有之大变局的今天，青年人对实现自我价值有着更强烈的愿望。那么，在这个价值观多元化的时代，我们青年人该怎么认识自己？

　　2020年下半年，"躺平"和"内卷"这两个词开始频繁出现于互联网，在发达的传输技术加持下爆炸式扩散。

　　"内卷"这个词现在已经脱离了本意，一般被引申指人们用了更大的努力却获得了基本没有增长的甚至更少的收益。而"躺平"的广泛传播则源于一位33岁网民表示他降低了自己所有消费欲望以规避"内卷"，反感"被传统家庭观念束缚地活着"，不想"一辈子很辛苦"。

　　作为互联网上最活跃的受众群体之一，我们看得见"内卷"和"躺平"，也听得见努力和奋斗，却常对未来感到迷惘。意大利哲学家克罗齐曾说："一切历史都是当代史。"从历史出发，我在

钱学森学长的大学生活中找到了看待这些现象的新视角。

　　钱老回忆，在他求学时，周围也曾充满了竞争。入学两年后，"一·二八"事变迫使他认识到，那时的中国，铁道交通于未来的意义可能没那么大。后来他便整日泡在交大图书馆，沉浸于《戈达德的火箭》《格洛尔的机翼气动力》等著作。之后，钱老休学一年，在床上"物理躺平"，在闲暇时接触了诸多杂书，比如当时的"反动书籍"——《马克思主义及其基本原理》。他那时也爱上了管弦乐，开始"不听话地翘掉校长训词"去听管弦乐。

　　历史的发展存在着"变"与"不变"，不同时期的青年的迷惘和摸索的样子各异，但是其本质应有所相似。尽管外界充满了不确定，但至少青年钱学森先锤炼了自己的本领。

　　危和机总是同生并存的，每一次信仰的危机，都是重聚信仰的契机。钱老在看似迷茫的阶段接触到了他感兴趣的空气动力学，又加强了世界观的科学性，找到了志同道合的人。

　　新时代的年轻人对生存意义的认知发生了一些变化。借助美国作家维姬·罗宾（Vicki Robin）和乔·多明格斯（Joe Dominguez）的《要钱还是要生活》（*Your Money or Your Life*）里面所用的一个概念"生命能量"来解释：高效交互的科技手段与和平的社会发展基调为人与人之间的交流共享提供了一条前所未有的快车道，大家对于"生存"的理解不仅包括时间、精力，还有情绪、身体健康、思维空间、生活希望，以及很多人都忽略掉的一项——机会成本。当在学习、工作中得到的在精神和肉体上的回报填补不了这些"生命能量"时，"躺平"便是"性价比"较高的选择了。

　　此处的"性价比"，我认为是短期内的"性价比"，毕竟我们都会有风险厌恶。我想知道，如果"躺平"是一种考虑"性价比"的选择，那么那些不考虑"性价比"、忙于事业的人，他们的思路是怎么样的？

我在上海交大的同龄人里面找到了一个样本——一位电子信息与电气工程学院的博士。他是一位很随和善良的学长。聊起他本科时期的迷惘，他说一开始他是从众地读研、做科研，而课题没有起色劝退了大多数人，差点也包括了他。前前后后一年多经历数次的失败和理性的思考，他对失败和沮丧逐渐脱敏。他告诉自己："如果做什么都不会有太大差别，那不如选择自己喜欢的。"后来，在家里放假时，他发现将自己的所学教给弟弟妹妹们十分有趣，他便萌生了继续从事科研以留校当老师的想法。经历了多番煎熬之后，如今的他科研能力出众，博三时便有一个著名民营企业想要以百万年薪招走他，除此之外还有诸多羡煞旁人的橄榄枝，但他最后还是选择了在上海交大深耕。面对挑战和机遇并存的前路，师兄说过，人这一辈子选择自己最热爱的事情方不后悔。

我还曾经有幸和我们专业一位年轻的优秀教授聊过。在他报考专业的时候，土木和金融专业的分数是清华最高的，很多电气方向的同学转去了土木专业。但是他没有盲目跟从，也没有因为电气方向不是最热门的而放弃进步，而是一直在找寻最适合自己的路。他告诉我，很多人对于喜欢的定义是模糊的。他热爱的是解决未知问题时的成就感，以前的旁观、犹豫，很多也都是不可避免的，但回想起来，总会惋惜没有更早地去试错。对于个人而言，尽早地试错是对自己人生的担当。

面向社会，面向未来，青年人面对的是一场没有规则、没有限制的多赛道博弈。习近平总书记在 2013 年五四青年节同各界优秀青年代表座谈时说道:"无数人生成功的事实表明,青年时代,选择吃苦也就选择了收获,选择奉献也就选择了高尚。青年时期多经历一点摔打、挫折、考验,有利于走好一生的路。"吃苦要吃"失败"的苦,失败源于我们对未知而又向往的领域的试探,失败又最容易让我们青年人意欲"躺平"。但暂时的"躺平"不会真的挫去一个年轻人的朝气,对自己人生失去了主观能动性才是真正需要警惕的。我们总会在某个时刻记起,个体的自我是自身的第一责任人。

"内卷"和"躺平"的问题,不只是我们青年人面临的问题,而是全社会在当前发展的窘况。然而,青年时代是一个人一生中最有机会打破这种窘况的时间段。我在我的导师身上看到了这种可能性:他师从于一位曾在 20 世纪 80 年代举债 30 万开创国内液电冲击波体外粉碎肾结石技术先河的大家。导师一直秉持"敢为人先"的创新态度,认为应站在国家的层面上去看待技术和产业如何布局发展,要有大战略、大格局。

2010 年,导师开始转向高温超导的研究,并组建了上海交通大学高温超导材料与应用技术研究团队。十多年来超导团队不断壮大,但其间的艰辛难以言表。虽然研究获得了上海市和学校的支持,但超导研究的花销太过巨大。导师本人投入了自己多年积蓄的五百多万用作经费,最落魄时还向其他课题组的老师借了不下百万元以支撑团队运行。

那个时代的电气主流科研道路是一桩"肥差",但导师坐的却是一条鲜有人问津的"冷板凳"。他曾说:"(我)要感谢我们团队的同事,他们跟着我,没有贪图享乐,有共同的目标追求,终于熬过了最困难的日子。"十年间，上海超导的高温超导材料逐步成熟并达到了国际一流的水平，而高温超导的应用场景也越来越清晰。目前导师布局多年的高温超导、可控核聚变赛道初见成效。这种大局观、前瞻性源于我们交大每代人的传承；攻坚克难、百折不挠的使命感，是每个交大人身上的印记。

在技术蓬勃发展的今天，我们青年人幸运地享受着人类历史上物质最丰富的时代，也掌握着这个世界的种种有价值的信息。而这些宝贵的人类文明的精神财富同时与数十倍于它们的"垃圾"共存。练就过硬本领，学会面对这个波谲云诡的世界，才能与同行的青年人共同担当起这个时代的责任。

"把论文写在祖国大地上"从来都是一个不容易实现的目标，但却是我们年轻人走出"躺平"和"内卷"的唯一方向。空谈误国、实干兴邦，青年人树立正确的理想、坚定的信念十分紧要，找到一辈子都能坚持为之奋斗的事业是对自己的交代，对时代的担当和尽责，也是对人生青春风采最好的回应。

宣讲者手记

我高中毕业那时，"寒门再难出贵子"已是社会的共识。一路从贫困县走到企事业单位，再来到上海交大，我看到青年人中迷惘者居多，从众者更甚，或歇斯底里，或及时行乐。我没有在他们身上找到我要的答案。但鲁迅先生的话一直给我指引着方向，也激励着我去做一些事情："愿中国青年都摆脱冷气，只是向上走，不必听自暴自弃者流的话。能做事的做事，能发声的发声。"改革开放的飞速发展带来了我国的快速繁荣,但是"营养不良"是成长过快的"通病",这需要一代人深耕。如何培养发掘这一代人?作为身历其中的青年人,我一直相信"莫道君行早,更有早行人",挖掘同辈中前行者的故事,将迷惘的、探索的、初步的、前进的、有成效的故事纷纷挖掘出来,将其共同性和特殊性以我的视角尽可能客观地剖析给朋友、同学、同辈们,以此共勉。

孟轩昂,上海交通大学电子信息与电气工程学院电气系 2021 级硕士研究生

盼祖国统一：
一个台湾青年大学生的告白书

　　党的二十大报告指出："我们始终尊重、关爱、造福台湾同胞，继续致力于促进两岸经济文化交流合作，深化两岸各领域融合发展，完善增进台湾同胞福祉的制度和政策，推动两岸共同弘扬中华文化，促进两岸同胞心灵契合。台湾是中国的台湾。解决台湾问题是中国人自己的事，要由中国人来决定。""国家统一、民族复兴的历史车轮滚滚向前，祖国完全统一一定要实现，也一定能够实现！"

　　在我人生中的启蒙阶段，我的祖父总是喜欢抱着我坐在沙发上，指着电视上的新闻联播，与我娓娓讲述何为祖国。小时候我只知道大陆是一个遥远的彼岸，也是祖父最喜欢的地方。因此，我对大陆的好奇从小扎根在心底。

　　在 2005 年的冬天，我跟随家人来到上海探亲。当时年幼且懵懂的我，在出机场后看到的上海却没有想象中的繁华。后来我从家中长辈口中得知，在他们 20 世纪 90 年代初来到上海经商的时候，上海很多街道甚至都没有路灯，交通也不方便。

　　等再大一些的时候，我了解到祖父从小在江苏长大，他从二十几岁来到台湾之后一直都非常渴望能够回到大陆。我很想知道祖父口中那个美丽、巍峨的地方是什么样子的，作为飘零的种子,我们的"根"又是什么样子的?

2018 年,我再次来到了大陆。飞机降落的那一刻,我深吸了一口空气,脑海中第一个浮现的是祖父的脸。祖父在得知我有来大陆求学的想法时,难得地看见他激动到神采奕奕。我知道他真的很想念故乡,我也知道我必须怀揣着祖父的那一份思念,替他好好领略祖国的秀美河山。那一年我 18 岁,之后我在东北度过了四年的本科生涯。虽然我花了很长一段时间去适应两岸教学内容、饮食文化的差异,但相较于台湾,我还是更喜欢在大陆的学习和生活节奏。

大家肯定很好奇:我一个本科金融专业的学生为什么会选择来到马克思主义学院攻读研究生?我一开始学习金融的目的,说实话并不是出于多么高大上的理由,单纯是觉得金融专业热门,而且发展前景好。在临近毕业的那两年,我也曾有过短暂的迷茫。我想,台湾也有金融系,那么我来大陆读书的目的是什么呢?就只是为了欣赏北方雪景、感受大陆文化吗?思考之后,我认为我是想迫切地想学到一些不一样的新知识:如果我能做一个"青马先锋",将更系统、更全面的马克思主义理论带回台湾,那么有没有可能为岛内注入一些新鲜血液,并带来一丝小小的改变呢?这个想法自冒头之日起便深深扎根在我的脑海,于是我开始调整自己的规划。我想成为弘扬马克思主义理论的青年先锋,成为促进两岸和谐统一的后起之秀。

作为一个对两岸统一心怀抱负的台湾青年,我迫切地希望自己能离想象中的事业更近一些,把我在上海交大学习到的知识实际运用并在将来带回台湾,为改变部分台湾年轻人的思想贡献自己的一份力量。即使未来没有达到我理想中的状态,我也绝不会后悔,反而是庆幸。通过读书,我才知道台湾以外的世界居然那么大、那么美。在大陆的所见所学、所思所想,都会成为我生命的一部分。

现在的我,来到了上海交通大学的马克思主义学院,可以说已经向我立下的人生规划向前迈进了一大步。但生命不息,奋斗不止,我时刻关注着国家报告以及各项会议。党的二十大报告强调:"青年强,则国家强","当代中国青年生逢其时,施展才干的舞台无比广阔,实现梦想的前景无比光明",对广大青年提出了"立志做有理想、敢担当、能吃苦、肯奋斗的新时代好青年"的重要要求。理想、担当、吃苦与奋斗这些闪耀的词无疑为我指明了前进的方向与道路。

如果说在东北四年的本科生涯教会了我何为自我约束、何为自主独立,那么研究生阶段的求学历程给我带来的影响就是让我进一步体会到了何为爱国精神,以及让我清醒地意识到了自己肩负的使命。这段时间以来,我明白作为新时代的年轻人,我们必须笃行不怠、奋勇向前,好好把握住自己的人生之路。既然我选择了马克思主义学院,选择做一名马克思主义与社会主义的发扬者、践行者,那我就要以增进民生福祉为根本目的,不好高骛远,不脱离实际,"乐民之乐者,民亦乐其乐;忧民之忧者,民亦忧其忧"①,把"为祖国统一事业奋斗终身"落实在行动上,融入生活中。

今天,我之所以有机会来到这里,是因为我站在了巨人的肩膀上。无数前辈替我打下了坚实的基础,让我有机会来到大陆

---

① 欧阳晓东:《尚和合》,人民出版社,2016 年,第 102 页。

继续深造。可是很多台湾同胞们并没有这个机会，因此他们对大陆的认知有很大的信息差。近些年造成两岸彼此文化隔阂的主要原因，一是台湾岛内的"台独"势力的阻挠，二是国际上以美国为首的反华势力的阻挠，再加上岛内部分新闻媒体隐瞒了许多事实，实行新闻封锁，控制了台湾的舆论。

我知道台湾年轻人其实并没有那么容易被"台独"分子所洗脑，而我也相信他们会重新开始思考大陆与台湾之间更深层次的关系，最终能悟出自己的答案，并像当初的我一样，在心中埋下好奇的种子。只要他们能放下心中的成见，来大陆看一眼，就一定会爱上这里，毕竟这里始终都是我们的"根"。

在大陆读书的这几年，我走过很多地方，也在朝夕相处中渐渐融入这片土地。有时我会格外关注台湾新闻，虽然我对台湾目前的政治生态及社会感到失望，但那里是生我养我的故乡，一草一木都仍然深深地牵挂着我的内心。对于远在他乡的我来说，新闻成了我寄托乡愁的重要载体。有时候台湾的种种社会情况，会成为我努力拼搏的原动力：如果我真的能为家乡做点什么，那么眼前的困难对我来说也都能一一克服。

作为新时代的青年，我认为两岸关系的推进需要我们共同努力，年轻人既是两岸融合发展的见证者、参与者，也是推动者、受益者。我们应该把斗志昂扬的青春奉献给这片充满希望的土地，书写灿烂多姿的生命乐章，也为两岸关系和平发展、融合发展搭起一座友谊之桥。

近年来，我国正在构建新发展格局，不断为台湾青年提供更加广阔的发展空间。大陆方面持续推进落实台湾民众同等待遇，陆续出台"31 条措施""26 条措施"等系列政策举措，设立 91

个海峡两岸交流基地(截至 2023 年 2 月),79 个海峡两岸青年就业创业基地和示范点,推动 300 多所高等院校面向台湾学生招生,为台湾青年来大陆交流、学习、实习、就业、创业不断创造良好条件。作为这一系列政策的受益人之一,我要感谢祖国对台湾青年人才的培养与支持,让我们有机会走出台湾,寻求改善目前台湾困境的方法。

当我们走在新时代的征途,蓦然回首中国共产党波澜壮阔的奋斗之路——那是由一个个坚毅的脚印踏出来的,那是由一颗颗赤诚的红心勾勒出来的,那更是被一代又一代奋斗者相传的薪火照亮的。我庆幸自己赶上了最好的年代,没有身处枪林弹雨,没有炮火连天。在党的二十大报告中,习近平总书记表示:"中国人民的前进动力更加强大、奋斗精神更加昂扬、必胜信念更加坚定,中国共产党和中国人民正信心百倍推进中华民族从站起来、富起来到强起来的伟大飞跃。"时代大潮波澜壮阔,百年大国风华正茂,新时代的伟大成就是党和人民一道拼出来、干出来、奋斗出来的!

涓涓不塞,是为江河;源源不断,是为奋斗;生生不息,是为中国。参天之木,必有其根;怀山之水,必有其源;人之有祖,亦犹是焉。我会永远记得我是一个中国人,为中华之崛起而读书,向"实现中华民族伟大复兴、早日推进两岸统一"这一远大的目标笃行不怠!本科毕业后我将学习方向由金融转向马克思主义理论,就是希望在未来可以从一名"中国奇迹"的旁观者变为"中国梦"的实践者。吾辈何其幸,得以炎黄名。作为新时代的台湾青年,我将尽我一切所能,为祖国统一大业奉献自己微薄的力量。

宣讲者手记

　　很多人问过我：为什么身为一个台湾人会选择来到大陆并就读马克思主义理论专业？曾经的我或许也没办法说得清为什么，但现在我可以很自豪地说，这是因为我深深地相信祖国统一是大势所趋，这是必须也是必然；而作为一名台湾青年，将我在祖国的所见所闻以及在马克思主义学院所学的带给我的台湾同胞，正是我所肩负的使命。

　　庄淮宇，上海交通大学马克思主义学院马克思主义理论专业2022级硕士研究生

现代化征程的交大贡献

海菜花开：交大人的洱海故事

党的二十大报告指出："大自然是人类赖以生存发展的基本条件。尊重自然、顺应自然、保护自然，是全面建设社会主义现代化国家的内在要求。必须牢固树立和践行绿水青山就是金山银山的理念，站在人与自然和谐共生的高度谋划发展。"

说起"两个一百年"奋斗目标，不知道同学们会想到什么，但我想给大家分享一段我很喜欢的话："100年，可以见证36 525次日升月落，可以收获一百次成熟的麦子，可以让大树长成参天模样。100年，可以把大街上的马匹变成川流不息的汽车，可以把五千年湛蓝的天空，布满航线。上九天揽月，下五洋捉鳖。100年，可以让一个党，从50多个人到9 100多万人，可以把一个文明古国重新推回世界中央。"习近平总书记在中国共产党成立100周年大会上指出："我们实现了第一个百年奋斗目标，在中华大地上全面建成了小康社会，历史性地解决了绝对贫困问题,正在意气风发向着全面建成社会主义现代化强国的第二个百年奋斗目标迈进。"所谓的两个一百年,第一个是全面建成小康社会,第二个是建成社会主义现代化强国。

如今,我们已经实现了第一个百年奋斗目标。那对于第二个百年奋斗目标,即建成富强民主文明和谐美丽的社会主义现代化强国,不知道同学们了解多少呢? 其实在灿烂的中华优秀传统文化长河中,意蕴深长的诗词歌赋就有助于我们理解现代化强国的丰富意义。中国近代工程之父詹天佑曾说:"各出所学,各尽所知,使国家富强不受外侮,足以自立于地球之上。"①我想国家独立、民族振兴就是富强。"人事有代谢,往来成古今。江山留胜迹,我辈复登临。"②这句话描述的是中华文明绵延传承,后人都尊崇、敬仰的场景;而和谐则可以用《论语》中的"四海之内皆兄弟也,君子何患乎无兄弟?"③来解释,我们要追求的和谐,先是小家的和谐,之后是邻里关系的和谐,之后就推及社会的大和谐,这是《论语》留给我们的丰富宝藏。陶渊明的"芳草鲜美、落英缤纷"④描绘了一幅怡人美景。中华大地锦绣河山,拥有丰富的自然人文景观,敬畏、保护我们壮美的祖国母亲是每个中国人的应尽之责。

2023 年 7 月,习近平总书记在全国生态环境保护大会上强调:"要深入贯彻新时代中国特色社会主义生态文明思想,坚持

① 王辉耀:《百年海归　创新中国》,人民出版社,2014 年,第 154 页。
② 孟浩然:《孟浩然诗集校注》,李景白校注,中华书局,2018 年,第 231 页。
③ 陈晓芬、徐儒宗译注:《论语》,中华书局,2015 年,第 140 页。
④ 王叔岷笺证:《陶渊明诗笺证稿》,中华书局,2007 年,第 508 页。

以人民为中心,牢固树立和践行绿水青山就是金山银山的理念,把建设美丽中国摆在强国建设、民族复兴的突出位置,推动城乡人居环境明显改善、美丽中国建设取得显著成效,以高品质生态环境支撑高质量发展,加快推进人与自然和谐共生的现代化。"洱海治理体现了中国特色社会主义生态文明建设的卓越成就。上海交通大学的师生们运用自己的专业知识,用理论联系实际,在云南洱海打造分布式下沉再生水生态系统,将论文写在了祖国的大地上,书写了动人的洱海故事。今天,我们就通过一朵盛放的海菜花,在久久为功的洱海治理项目中来看一看美丽中国建设中的交大力量。

　　可能有些同学对于洱海不是很熟悉。洱海是大自然的鬼斧神工,被誉为"昆明之巅、大理之魂"。洱海面积约 252 平方千米,蓄水量 29.59 亿立方米,是云南第二大高原淡水湖,也是大理人的"母亲湖"。在这里,看得见山,望得见水,是当地人们心中永远的乡愁。听听下面的诗句,大家应该可以想象洱海是一个怎么样的地方。郭沫若在《海云南记之二十六》中写道:"风花雪月古城开,洱海苍山次第排。"还有清代的熊湄在《寄远》中写下"浮云目断苍山外,落月魂消洱海边"。大家哪怕没有去过,也可以感受到这是一个风景宜人的好地方。在上海交通大学闵行校区内养护着洱海的特产——海菜花,仿佛一个"微型洱海"。海菜花被称为"水质试金石",水清则花盛,水污则花败,对生长环境的要求非常苛刻。20 世纪 80 年代,洱海水质较好,海菜花曾经在云南大理的洱海中盛开,后因水质污染一度消失。而海菜花在上海交大校园内盛开背后有一个动人的故事,这就和我们的洱海治理工程有关。

20 世纪 90 年代随着洱海流域经济发展、人口聚集和生产生活方式变化,洱海由贫营养湖泊向中营养湖泊再到富营养湖泊演变,水质急剧下降。后来,由于洱海周边旅游发展管控不到位,洱海中出现成片的蓝藻,像张牙舞爪的妖怪霸占着湖泊。基于此,习近平总书记在 2015 年视察洱海时作出"一定要把洱海保护好"的重要指示。

在这样的背景下,上海交通大学环境科学与工程学院开始了对洱海的治理工程。该工程的负责人是学院的讲席教授孔海南。孔教授曾笑言:"我名字里带个'海'字,大半辈子都和水打交道,守护水是我的使命,我热爱这项工作。"他带领上海交通大学湖泊富营养化治理教师团队十几年如一日驻守洱海等河湖治理一线,并成立上海交通大学云南(大理)研究院,共完成野外样品采集 30 000 余次,分析水质指标 160 000 余次,以实际行动坚持"把科研论文写在祖国大地上"。在洱海治理工程中,为洱海水体采样是研究院师生的日常工作。一年中的大多数时间,水质分析员们需要每周 2 次、每个月 8 次进行洱海水体采样,每次均需要采集 19 条垂线的水样。而在 4 月—5 月、11 月—12 月这两个季节转换期,则要加大采样频次,最密集的时候达到每天采样 1 次。采样工作于上午 9 点开始,研究人员搭乘游船从大理港游船码头出发,环洱海一圈,途中他们要完成 19 个点位、38 个水样的采集和分析工作。同时,研究人员们因地制宜,具体问题具体分析,根据不同的条件选择不同的治理方案。龙凤大沟常年容易积聚蓝藻,研究院就在洱海生态廊道上设置了 18 亩藻类处理示范地,通过水泵把湖区和入湖沟渠内富集蓝藻的水抽上来,净化后再返回洱海里,这样既能移除藻类,又能改善洱海水质。再如,在扎染之乡周城,用于扎染后的水体种类、质量十分复杂。为改造提升污水处理厂的效率,研究院集合科研力量改善现有工艺,使污水处理的效果更趋稳定。

与此同时,在这次治理过程中,上海交大的师生善于创新、勇于创新,根据洱海独特的高海拔的地理环境创造了一项重要的科技成果——分布式下沉再生水生态系统。该系统覆盖了水环境治理及资源化利用全部应用场景,在洱海周边的挖色、双廊、上关、湾桥、喜洲、大理古城分布建设 6 个藏身地下的再生水厂,使得出水水质经生态塘库净化后达地表水 Ⅲ 类。这 6 个地下水厂宛如珍珠项链一般,充分发挥分布式下沉再生水生态系统技术体系环境友好、资源利用、生态安全、绿色低碳的优势,形成一条截断洱海周边生活污水并再利用的"大动脉"。通过将水厂下沉,水资源和土地资源得到充分利用,为大理洱海水质持续向好、生态环境根本性改变发挥了重要作用,同时也为世界缺水缺地国家提供了中国技术和解决方案。依托分布式下沉再生水生态系统,洱海周边原设计的地面污水厂变更为下沉式再生水厂,对污水进行科学的收集、处理和资源化利用。中国水环境集团董事长侯锋解释,这样可以减少从洱海"抽清排污"约 2 000 万吨,也解决了传统污水厂的"邻避效应",使水厂与洱海周边的村庄和美景融为一体,释放出 160 亩地面空间。目前,这一技术在成都、贵阳、北京等地都有所应用。

《光明日报》2019 年 9 月 14 日第 2 版是这么描述洱海治理项目的:"苍山之上,蓝天里飘浮着大朵大朵的白云,宽阔的洱海水面偶有飞鸟掠过,见不到一只船影,秋阳下,正午时分的古生村安静极了。村口,距洱海只有数十米远的一个湖湾水体生境污染控制及改善示范工程围栏内,有两位村民穿着雨靴,正在清理池中杂草与污染物。"①

经过上海交大师生的努力,截至 2021 年,洱海水质实现 7 个月 Ⅱ 类、全年水质为优的治理目标。曾一度难觅踪迹的"水质试金石"海菜花重新在洱海大面积盛开。从千里之外的云南洱海移植到上海交通大学闵行校区南苏园中的海菜花,开出了和在家乡时一样的白瓣黄蕊的花,和它们一起在上海扎下根的还有云南大理茈碧湖中一度只剩下 20 株的茈碧花。

上海交大的洱海治理项目在 2022 年世界水大会上获得银奖。此前,大理白族自治州人民政府、云南省科技厅、上海交通大学三方共建了上海交通大学云南(大理)研究院,以期对于云南的水治理进行进一步规划和落实。面对步步升级的洱海治理,我们作为青年应当思考,可以为社会主义现代化强国做些什么。习近平总书记曾说:"青春是用来奋斗的,奋斗不只是响亮的口号,而是要在做好每一件小事、完成每一项任务、履行每一项职责中见精神。奋斗的道路不会一帆风顺,往往荆棘丛生、充满坎坷。强者,总是从挫折中不断奋起、永不气馁。"②当代青年应当以此作为指引,学好基础知识,扎扎实实做学问,学习洱海的科研工作者不屈不挠、勇于探索、精益求精的科研精神,掌握好国家需要的技能,努力将论文写在祖国的大地上,将科研做在祖国的大地上。

---

① 任维东:《洱海之滨有群上海来的治水人——记上海交大云南(大理)研究院》,《光明日报》2019 年 9 月 14 日,第 2 版。
② 习近平:《论党的青年工作》,中央文献出版社,2022 年,第 211 页。

宣讲者手记

　　这次的宣讲从前期准备到面向学校各专业宣讲，既能够与同学们一起学习贯彻党的二十大精神，也是我自己学习、总结的宝贵机会。遵循建设美丽中国的指导思想，上海交大师生在洱海湖畔潜心钻研，克服了高海拔的不便、日复一日的水体采样工作带来的劳累和研究设计瓶颈等困难，做出了叹为观止的科技成就，为水污染的治理提出了全新的思路。我认为，上海交大师生身上的责任感以及钻研精神都是宝贵的财富，值得我们共同学习。

　　欧洋，上海交通大学马克思主义学院马克思主义理论专业2022级硕士研究生

饮水思源：交大人的精神图腾

党的二十大报告指出："广大青年要坚定不移听党话、跟党走，怀抱梦想又脚踏实地，敢想敢为又善作善成，立志做有理想、敢担当、能吃苦、肯奋斗的新时代好青年，让青春在全面建设社会主义现代化国家的火热实践中绽放绚丽之花。"

在上海交通大学徐汇校区执信西斋前，矗立着一方刻有校徽的纪念碑。这座刻有"饮水思源"四个字的雕塑，便是我们今天的主角——饮水思源碑。作为交大人，你知道饮水思源碑的历史吗？它和校徽有何关系？你了解碑上齿数的含义吗？让我们走近她，听听她的故事。

一、缘起：饮水思源，碑中有情

时间拨回到 20 世纪 30 年代。交大 1930 届毕业生在毕业别离之际，念及母校培育之恩和他们作为第一批学生入住执信西斋的便利，决定捐款在宿舍楼前方的空地建造一座以校徽为中心的喷水池，赠送给母校留以为念，并表达饮水思源之意、感念母校之情。

当时这个喷水池中央纪念碑的整体设计理念是将校徽中的砧、书、锤、链、轮用铁铸成立体实物，下加石座，水从齿轮间喷出。历经周折，此碑于 1933 年春始完工，总计耗资约为大洋 800 元。纪念碑为一水泥石磴，建在水池中央，用大理石贴面，正面刻有"饮水思源"四字,为该届同学陈汝善之父所写;下刻"民一九级建赠",背后刻有该级全体同学的姓名;顶上竖一立体校徽图案:校徽为圆形,中有一铁砧,向左斜靠着一把铁锤,右有五节链条相垂,上面摆放着中西图书数本,取"寓工于读,学重中西"之意。铁砧底座上刻有创校年即 1896 年,谓奠基之始。环盾作齿轮形,略似电机中转核的横截面,表示工程与交通之意。外圈刻有学校的中英文校名,中外通用。①

1933 年 4 月 2 日下午 2 点半,学校在庆祝建校 37 周年期间举行了喷水池落成典礼,饮水思源碑正式落成。可以说,从此时起,交通大学才有了真正被校方认可的、受校友推崇的校徽实物。据说原本学校有废止该校徽另行改订之意,此碑一出,校徽也随之深入人心,影响深远。虽然学校经历变迁,这校徽却一直存续下来,得到五所交大校友的公认,在学校的各类徽章、刊物等上面常能看到它的形象。②

二、发展:历尽风雨,与时偕行

徐汇校区的饮水思源碑落成之后,还经历了多次的修缮。1979 年,学校对原碑进行修整。2016 年 4 月,交大建校 120 周年大庆前夕,又由 1980 级校友、联合水务集团董事长俞伟景先生与夫人 1985 级校友晋琰女士捐资修缮。③ 交大校园历经风雨沧桑,这座顶着校徽的纪念碑却依旧屹立不倒。

---

① 盛懿、孙萍、顾建建:《老房子　新建筑——上海交大 110 年校园》,上海交通大学出版社,2006 年,第 54—55 页。
② 盛懿、孙萍、顾建建:《老房子　新建筑——上海交大 110 年校园》,上海交通大学出版社,2006 年,第 55—56 页。
③ 曹永康:《南洋筑韵》,上海交通大学出版社,2016 年,第 256 页。

斗转星移,时过境迁。如今,在上海交通大学(包括徐汇校区、闵行校区和长宁校区)、西安交通大学、西南交通大学、北京交通大学和新竹交通大学五所校园,都可以看到这样一座相似的饮水思源碑。饮水思源碑成为多所交通大学同根同源的象征,成为交大学子的情感寄托,也成了交大人的精神图腾。

有趣的是,关于校徽上齿轮的个数却一直没有定论,原设计者最初的解释也未提及齿轮齿数的含义。[①] 如今,上海交通大学校徽上的齿数为 48 齿,有四通八达、天地交而万物通之意。凑巧的是,交大校庆日也正好是 4 月 8 日。随着时间的推移,饮水思源碑饱经风霜,交大校徽的一些细节有所发展变化,但是"饮水思源"的交大精神早已深深地印刻在每一位交大人的心中。

三、意蕴:交大精神,深入人心

上海交通大学作为创建百余年、跨越三世纪的知名大学,培养了数不清的人才。校友们也以母校为荣,不断反哺于母校建设。

每逢六月,交大校园的毕业歌声响起时,即将离开母校的学生们就会在饮水思源碑流连,依依惜别,互道珍重,并在碑前留影,追忆那似水流年的青春岁月。

"落其实者思其树,饮其流者怀其源。"[②]饮水思源碑最初的落成便是由交大 1930 届校友集资赠与母校,随后历经数十载的

---

① 盛懿、孙萍、顾建建:《老房子　新建筑——上海交大 110 年校园》,上海交通大学出版社,2006 年,第 56 页。
② 郭茂倩:《乐府诗集》,中华书局,1979 年,第 215 页。

修缮也多是校友捐助。这座碑的延续与发展背后体现的是一代代交大学子对母校浓厚的感恩之情与反哺之意。

饮水思源碑延续至今已有近百年的历史,交大精神也在这百年间沉淀、升华。交大精神并不是一成不变的,伴随三个世纪的风雨,交大精神历久弥新。新时代赋予了交大精神更为深厚的当代意义。如果说饮水思源碑代表着 20 世纪交大人坚守初心、热爱祖国、以母校为荣、反哺于母校的交大精神,那么 21 世纪以来,交大精神获得了更多时代化的阐释。接下来,我会分享两个小故事,它就发生在交大近十年的校园里,与你我的生活贴近,帮助大家深刻体会何为时代化的交大精神。

（一）交大人的科研故事——勇于探索、追求真理的科学精神

在四川锦屏山中 2 400 多米深的地下实验室里,上海交大致远学院 2012 届毕业生谈安迪曾夜以继日地追寻着暗物质粒子。很多人都钦佩他,夸奖说:"真了不起,一年 365 天中,300 多天待在山里,没有周末,没有假期,经常几个月都见不到太阳,早上进实验室的时候太阳还在东边的大山背后,半夜出实验室时,太阳已在地球的另一边。"对于这样的赞叹,谈安迪开玩笑说:"夸得还不够,让赞美来得更加猛烈一些吧!"别人只看到了他们的艰辛,却无法感受到他们的快乐——那种源于热爱、源于梦想、发自内心的快乐!

这样高强度的工作从未让谈安迪感到身心疲惫,相反却让他时常感到无比亢奋。他说,当他躺在床上闭上眼睛,回想起他们设计的探测器中氙- 127 电子俘获的整个衰变过程时,想到他的理解与实验的观测完全都能对上,他感觉自己真正洞见了宇

宙的某些运行机理！还有什么能比这样的生活方式更快乐呢？对于学者来说，这种感觉是最大的快乐，因为它源于内心深处的需要，源于对人生梦想的追求。有同学说："每天都能体会到被梦想叫醒的幸福，这就是人生最大的快乐！"

（二）交大人的创业故事——知难而进、艰苦奋斗的创新精神

说到交大人的创业故事，你可能想到 1988 年毕业于交大应用数学专业的红杉中国创始人沈南鹏，以及 1989 年毕业于交大船舶工程专业的宁德时代董事长曾毓群等，不胜枚举。前辈们于困境中不忘初心、奋楫向前的故事始终鼓舞着我们。

不过今天，我要分享的是一位更年轻的创业者——交大电子信息与电气工程学院 2012 届毕业生刘伟。相信大家对《原神》这款游戏都有所耳闻，其背后企业上海米哈游网络科技股份有限公司（以下简称米哈游）的创始人就是刘伟。他和另外两位交大校友蔡浩宇、罗宇皓一起创办的这家企业已连续五年入围"中国互联网百强企业""中国游戏十强"，被中宣部、商务部、文旅部等五部委认定为"国家文化出口重点企业"。

2011 年下半年，刘伟作为代表参加了当时的"创新创业达人比赛"。通过此次比赛，他和小伙伴们拿到了上海市大学生创业基金会给予的 10 万元无息贷款和免费使用半年的 50 平方米办公场地。基于这样的契机，他们注册成立了公司——米哈游。

创业初期，举步维艰，唯有突破边界，追求创新，才能实现事业的升华。米哈游大胆创新，抱着"从零开始创建一家世界一流的原创动漫公司"的远大目标，尝试打造原创 IP。公司的第一代产品于 2012 年推出后，并没有引起市场的太大关注。但是刘

伟和小伙伴们始终坚信鲜活的 IP 是有生命力的。在最艰难的时候,刘伟需要身兼数职,甚至当起了客服,每天不断地与用户交流,寻找产品自身不足。直至 2014 年,经过不断打磨,第二代产品正式推出。当时国内只有少数人知道"二次元",大多数人接触的还是日本的动漫,但刘伟团队研发的产品在"二次元"方面达到了很高的水平,这也令米哈游大放异彩。又经过近三年的技术沉淀,2016 年 9 月 30 日,第三代产品正式上架。该产品开创性地使用了次世代卡通渲染技术,凭借精良的制作被誉为业界标杆。刘伟说:"能够有机会做自己热爱的工作,这个肯定是更幸运、更快乐的。有时候不是因为有了希望才继续坚持,而是因为有了坚持才能看到希望。"

　　何为时代化的交大精神?听完这两个故事,想必大家心中已有了答案。团结一致、同舟共济的抗疫精神,勇于探索、追求真理的科学精神,知难而进、艰苦奋斗的创新精神,这便是新时代交大人的真实写照。实际上,交大精神远不止于此,上述两个故事也只能反映其部分精神内核,还有更多交大故事等待着在座的你我去书写,还有更为深刻的时代化交大精神等待着你我去发扬光大。

　　饮水思源碑上的齿轮随着时光的年轮一圈圈地转动,交大精神也在跨越三个世纪的历史长河中熠熠生辉。漫步在闵行校区,你一定曾路过淡水河畔的叔同路,你一定曾流连于满地金黄银杏装点的学森路,你一定走过横贯东西、直通紫气东来门的宣怀大道,你也一定去过"凯旋门"和电院大草坪的中轴线文治大道。校园里,我们脚下走过的每一条路,都代表着不同时代的交大精神:有弘一法师李叔同的人文情怀,有以钱学森、黄旭华为代表的科学精神，也有以盛宣怀、唐文治为代表的教育救国之志。这些道路给学习生活在这里的交大人以方向，为我们指明前行的路。

党的二十大报告指出中国式现代化的本质要求是："坚持中国共产党领导，坚持中国特色社会主义，实现高质量发展，发展全过程人民民主，丰富人民精神世界，实现全体人民共同富裕，促进人与自然和谐共生，推动构建人类命运共同体，创造人类文明新形态。"作为新时代的交大人，我们应牢记使命，艰苦奋斗，为以中国式现代化全面推进中华民族伟大复兴贡献属于交大人的青春力量！

宣讲者手记

作为一名交大青年学子，刚入学的我就对交大校史产生了浓厚的兴趣，带着这份热爱，我深入研究与饮水思源碑有关的校史文献资料，体会到交大学子对饮水思源碑的情感寄托，领悟到交大学子对"饮水思源，爱国荣校"之校训的高度认同与践行，感受到交大学子坚守初心、热爱祖国、以母校为荣的交大精神。这次宣讲从饮水思源碑的缘起到发展，展现饮水思源碑所映射的交大精神，再从两个交大故事出发，阐明何为时代化的交大精神，彰显新时代交大青年怀抱梦想、脚踏实地、奋发有为的精神风貌。

陶少威，上海交通大学马克思主义学院马克思主义理论2021级硕士研究生

星辰大海：
争做高质量发展中的有为交大青年

党的二十大报告指出："高质量发展是全面建设社会主义现代化国家的首要任务。发展是党执政兴国的第一要务。没有坚实的物质技术基础，就不可能全面建成社会主义现代化强国。"

我来自曾被誉为"共和国长子"的辽宁省。本科毕业后，我从沈阳来到上海交大求学。70余年前，上海交通大学的顾诵芬校友响应国家号召，毕业后从上海去沈阳工作。此后数十载，他扎根白山黑水，为中国的航空事业做出了伟大贡献。虽然所处历史时空不同，但我们都在与国家的同向同行中砥砺自我，都在奔往理想的人生之路上奋进青春。

党中央强调，贯彻新发展理念、推动高质量发展，是关系现代化建设全局的一场深刻变革。广大青年在推进中国式现代化的进程中处在重要的时代方位，是实现高质量发展的主力军。我们青年人如何在全面建成社会主义现代化强国的征途上实现自身价值、如何在高质量发展中争做有为青年——这是一个兼具理论和实践意义的时代课题。

那么，当下的青年人在时代共振中何以作为？换言之，在今天的高质量发展中如何把握节奏、顺势有为？党的二十大报告指出："高质量发展是全面建设社会主义现代化国家的首要任务。发展是党执政兴国的第一要务。没有坚实的物质技术基础,就不可能全面建成社会主义现代化强国。"①习近平总书记勉励广大青年:"一代人有一代人的长征,一代人有一代人的担当。"②社会主义革命和建设时期,广大人民和干部中涌现出一批又一批先进人物,如铁人王进喜、党的好干部焦裕禄、解放军好战士雷锋等。他们为社会主义建设事业做出了卓越贡献,成为全国人民的楷模。作为新时代的青年,我们要立足党和国家的建设发展需要,以饱满的精神状态担负起民族复兴之重任,把爱党爱国爱民之情化为"经邦济世"的实际行动,为高质量发展贡献青春力量。

首先,要坚定"不忘初心,牢记使命"的家国情怀。习近平总书记鼓励广大青年"要励志,立鸿鹄志,做奋斗者"③。只有把个人的理想追求融入国家和民族的事业中,青年才能有更加辉煌广阔的人生舞台。"全国脱贫攻坚楷模"黄文秀同志便是用自己的青春践行了这一人生信条。她是广西壮族自治区百色市委宣传部干部,2016 年从北京师范大学研究生毕业后,回到家乡百色工作。2018 年 3 月,黄文秀同志积极响应组织号召,到乐业县百坭村担任驻村第一书记。在那里,她自觉践行党的宗旨,始终把群众的安危冷暖装在心间,推动实施百坭村村屯亮化、道路硬化和蓄水池修建等工程项目,带领群众发展多种产业。④ 黄文秀同志为村民脱贫致富倾注了全部心血和汗水,带领 88 户

① 习近平:《习近平著作选读》(第一卷),人民出版社,2023 年,第 23 页。
② 习近平:《在纪念五四运动 100 周年大会上的讲话》,人民出版社,2019 年,第 18 页。
③ 习近平:《在北京大学师生座谈会上的讲话》,人民出版社,2018 年,第 12 页。
④ 中共中央宣传部宣传教育局:《时代楷模·2019——黄文秀》,学习出版社,2020 年,第 2 页。

418 名贫困群众脱贫,全村贫困发生率下降 20％以上。① 她在入党申请书中写道:"一个人要活得有意义,生存得有价值,就不能光为自己而活,要用自己的力量为国家、为民族、为社会做出贡献。"黄文秀同志始终践行着这份庄严承诺,直至生命的最后一刻。② 2019 年 6 月 14 日,也就是黄文秀牺牲前的最后一个工作日,她还在开会讨论村里的项目。那天,村里一个灌溉 200 多亩农田的水渠被山洪冲断了。黄文秀听到消息,第一时间带领村干部到现场察看灾情,当晚组织大家汇总受灾情况,商量如何抓紧维修、申请项目、解决群众急需的问题,还列出了维修任务清单,却在返回途中突遭山洪,30 岁的年轻生命就这样永远被定格在扶贫路上。③ 黄文秀同志的精神气质与责任担当,激励着我们年轻人报国为民、投身基层,用智慧和汗水去浇灌一片片充满希望的土地。④

其次,要坚守生逢其时、使命在肩的担当意识。习近平总书记指出:"今天,新时代中国青年处在中华民族发展的最好时期,既面临着难得的建功立业的人生际遇,也面临着'天将降大任于斯人'的时代使命。"⑤一方面,时代为我们广大青年挥洒才华搭建了广阔舞台,提供了全新的发展机遇;另一方面,服务保障国

---

① 《不忘初心牢记使命勇于担当甘于奉献　在新时代的长征路上做出新的更大贡献》,《人民日报》2019 年 7 月 2 日,第 1 版。
② 文静:《黄文秀:用生命诠释最美青春》,《中国民族报》2021 年 6 月 22 日,第 5 版。
③ 苏枫:《黄文秀:用生命谱写新时代的青春之歌》,《党员文摘》2021 年第 9 期。
④ 王丽鸽:《中国脱贫攻坚为什么能够取得全面胜利?》,《高校马克思主义理论教育研究》2022 年第 3 期。
⑤ 习近平:《在纪念五四运动 100 周年大会上的讲话》,人民出版社,2019 年,第 6 页。

家总体战略,需要我们广大青年持续奋斗、主动担当、积极有为,在各项工作中展风采、立标杆、树旗帜,为高质量发展贡献智慧和力量。20世纪50年代,西北国棉一厂细纱挡车工赵梦桃以"高标准、严要求、行动快、工作实、抢困难、送方便,不让一个伙伴掉队"的精神,带动了千万纺织工人,树立起纺织行业的时代精神。她一进车间,就像上足了发条的钟表。"好好地干!老实干!"成了她的口头禅。她十分珍惜自己的劳动机会,热爱自己的工作岗位,一心扑在劳动生产上,总是研究怎样能提高劳动生产率,为社会主义建设多做贡献。① 党的二十大代表何菲,正是赵梦桃小组第13任生产组长。何菲自觉继承和发扬"梦桃精神"和小组的优良传统,以强烈的责任感和与时俱进的精神,身先士卒,敬业奉献,开拓创新。在她的带领下,赵梦桃小组在新时期一系列严峻考验面前,队伍更加稳定、贡献更加突出、精神得以弘扬,生产指标年年领先。② 当选党的二十大代表后,她想得最多的就是"担当"二字。在她心中,一个人的青春只有与党和国家的事业同在,才能体现出人生的价值,青春才能无怨无悔。③ 她曾深情表示:"我将牢记习近平总书记的亲切勉励,在工作上勇于创新、甘于奉献、精益求精,争做新时代最美奋斗者,把'梦桃精神'一代一代传下去。"④

---

① "双百"评选活动组委会编:《100位为新中国成立作出突出贡献的英雄模范人物　100位新中国成立以来感动中国人物》,人民出版社,2009年,第360页。

② 《咸阳纺织赵梦桃小组生产组长何菲:争做新时代最美奋斗者,把梦桃精神传下去!》,《东方企业文化》2023年第1期。

③ 本报二十大报道组:《在新征程上书写新的"青春之歌"》,《人民政协报》2022年10月22日,第1版。

④ 杨小玲:《何菲:把两会"好声音"带回基层》,《陕西日报》2020年6月14日,第2版。

再次,要坚持舍我其谁、攻坚克难的奋斗精神。"奋斗是青春最亮丽的底色,行动是青年最有效的磨砺。"①我们要积极响应习近平总书记的号召:"要勇于创业、敢闯敢干,努力在改革开放中闯新路、创新业,不断开辟事业发展新天地。"②当今社会变化加速,信息传播迅猛,知识更新速度也随之增加,机会转瞬即逝。我们青年一代更应该有自强不息、只争朝夕的奋斗精神,面对困难、问题和挑战要有持之以恒的毅力、岿然不动的定力和有志者事竟成的努力。"对青年而言,勇于创新、敢为人先,关键在于聚焦国家发展战略和人民美好生活需要,紧盯科学、技术、产业、管理的前沿,努力在基础研究、重大项目、重点工程中刻苦攻关、施展才华。"③勤于圆梦要有过硬本领,而练就过硬本领则要依靠持续学习、勤奋学习。要学课堂上的知识、要学书本上的知识,更要学实践中的知识,跟群众学知识,积极主动深入基层一线磨心智、修品行、长才干,为高质量发展注入属于我们青年人的新动能。要在中国式现代化的大局中不断提升技能和智能,将创新意识、奋斗精神融入高质量发展中。中国天眼 FAST 研发团队首席科学家李菂说道:"我们所做的事,不光是领先世界,而且要领先历史……在天文这种'远离现实'的基础研究领域,只有人类迄今为止没有做过的事情,才是值得做的事情。"④在

---

①　习近平:《在庆祝中国共产主义青年团成立 100 周年上的讲话》,人民出版社,2019 年,第 9 页。

②　习近平:《在同各界优秀青年代表座谈时的讲话》,《人民日报》2013 年 5 月 5 日,第 2 版。

③　何娟:《"让青春在创新创造中闪光"——奋斗者正青春》,《人民日报》2022 年 5 月 10 日,第 4 版。

④　罗旭:《中国天眼首席科学家团队:世界上望得最远的"科学天团"》,《光明日报》2023 年 1 月 29 日,第 7 版。

这群年轻的科学家眼里，越是有难度的科研攻关，越是要试一试。这种精神值得我们每一个青年人学习，不断追求卓越、不断求索创新、不断攻坚克难——在社会价值与个人价值的统一中找寻青春的真谛，感悟奋斗的意义。

在高质量发展的星辰大海中，青年人既要仰望星空，又要脚踏实地。伴随主题教育的深入推进，我们要以学铸魂、固本培元，自觉做听党话、跟党走的排头兵，建新功、立伟业的生力军，肯钻研、知上进的追梦人，用青春诠释请党放心、强国有我的铮铮誓言，努力做奋发有为的新时代青年！

宣讲者手记

我一直认为，学习是一种生活方式，更是一种政治责任。同时我也深知，青年兴则国家兴，国家发展要靠我们广大青年挺膺担当。进一步在青年群体中宣扬好、传播好党的创新理论并号召更多的青年学子投身社会主义现代化国家的建设征途，一直是青年宣讲者的工作目标和行动指向。未来，我将更进一步锤炼自身素养、精进宣讲本领，力争推出有深度、有广度、有温度的宣讲内容，于实践中把个人的"小我"融入祖国的"大我"，为推进和拓展中国式现代化、实现中华民族伟大复兴而不懈奋斗！

杨世照，上海交通大学马克思主义学院马克思主义理论专业2022级硕士研究生

"交医"火种：
推进健康中国的青年责任

党的二十大报告指出："人民健康是民族昌盛和国家强盛的重要标志。把保障人民健康放在优先发展的战略位置，完善人民健康促进政策。优化人口发展战略，建立生育支持政策体系，降低生育、养育、教育成本。实施积极应对人口老龄化国家战略，发展养老事业和养老产业，优化孤寡老人服务，推动实现全体老年人享有基本养老服务。"

一、一份坚守：交医的火种之源

我们先来想象几个场景：你穿越到了上个世纪初，你的身边都是裹着小脚的"三寸金莲"，而你成了当地第一个不裹脚的女性，你会怎么办？ 当你逐渐长大，作为中国最早的女留学生成为美国密歇根大学首位获得医学博士学位的亚洲人，你会怎么做？ 此时，如果美国各方向你抛来橄榄枝，而中国正遭遇八国联军侵华，你又会如何选择？ 这些人生的抉择——降临在了当时年仅 24 岁的传奇医生石美玉的身上。1902 年，石美玉脱去西式服装，穿上了一身粉色的中式旗袍。她说："现在最迫切，也最需要完成的'大愿望'，第一个就是回国——创办医院，救助同胞。"此后她在湖北、安徽、上海等地建立起了数家医院，其中包括如今依然屹立在黄浦区制造局路上的上海交通大学医学院附属第九人民医院。回国仅半年时间，她就接诊了近万名病人。当得知一名军官身中数枪导致反复感染，生命垂危，石美玉当即说道："我来！"她连夜乘车前往四川，鏖战 18 个小时，终于让病人转危为安。跨越千里的救援让她在这片热忱的土地上埋下了属于交医人的火种。七十年交医，一百年九院，风风雨雨的岁月里，交医人的发家史几乎全凭这句"我来"；当国家需要支援地方的时候，二医大①说"我来"，援建蚌埠医学院，仅用 5 年时间就帮皖北行署搭建起了一所基础学科齐整、医教研初具规模的医学院；当国家面临血吸虫病泛滥的时候，黄明新、潘孺荪教授等人说"我来"，奋战乡村一线，直面疫情血防，用了 15 年时间正式宣布上海消灭血吸虫病；当国家提出建设西藏之时，李国瑛同志等人说"我来"，在最远、最艰苦的洛扎县蒙达区卫生所，一张病床、一把椅子、一口高压锅，一干就是 16 年；当唐山大地震爆发之时，邱蔚六院士说"我来"，用自己半生心血研究出的国家科技进步奖成果"针麻"技术救活了当时无数的灾民。"我来，我来……我来！"这一个又一个医学救国的火种正不断被交医人点燃。

二、八载白袍：交医青年延续火种

习近平总书记在党的二十大报告上指出："青年强，则国家强。当代中国青年生逢其时，施展才干的舞台无比广阔，实现梦想的前景无比光明。"作为学生青年骨干，我在过去的 7 年里也踏遍中国的 13 个村镇，走过千里乡村路，写过万字扶贫书，想把健康扶贫的观念和医疗科普的基本常识带到祖国的每一方土

———————

① 二医大即原上海第二医科大学，为上海交通大学医学院前身。

地。6年前,我前往四川省凉山彝族自治州,到的第一天便因为水土不服开始拉肚子。其实腹泻对于我们而言不过是吃药、打针、吊水,但在那个地方,淳朴的乡民们告诉我:"我们这儿是不吃药的,三两白肉、一杯白酒、两块白糕,再在那床上躺上一宿,这病啊就好了。"就在那一刻我突然意识到,有些我们看似稀松平常的东西,在这片土地上还有太多人无法拥有。也正因于此,我萌生了积极投身健康扶贫的想法。我有幸加入了上海交通大学医学院博士生医疗服务团,白袍红心,扎根乡土,接过了交大医学院传递给我辈青年的火种。我所带领的公益项目"久蔚"诊室正式开诊,覆盖万名儿童,免费诊治千名乡村的孩子,助力优质医疗资源下沉,促进儿童全生命周期健康。我可以自信地说出那句属于交医人的"我来"。

交医人的火种永远从不止于脚下这小小的重庆南路。从柬埔寨的柴桢到浦东的祝桥,我见证过精准扶贫落地的小村庄,也见证过宝塔山下旧医药箱里的军民情,更见证了交大医疗队为全球疟疾防治及消除贡献交大智慧。一路走来,我们见证了太多交医青年在为全人类点亮火种,为构建人类命运共同体而竭尽所能。这是全人类的事业,也是交医人的志业。

三、十五年红心:新时代健康中国建设对青年的要求

在"两个大局"交织、"两个一百年"交汇的关键节点,以习近平同志为核心的党中央坚持以人民为中心的发展思想,提出了健康中国战略和面向人民生命健康的命题。实施健康中国战略是坚持和发展新时代中国特色社会主义的一项重要战略安排,必将为全面建成小康社会和把我国建成富强民主文明和谐美丽

的社会主义现代化强国打下坚实健康根基。我国已经建成世界上规模最大的医疗卫生服务体系，基本医疗保险参保人数超过13.6亿。2008年卫生部启动的"健康中国2020"战略也取得了一定的成效。健康中国建设步伐稳健，人民健康得到全方位保障，公共卫生防护网织牢织密，群众获得感不断增强。2023年我国人均预期寿命达到78.6岁，主要健康指标居中高收入国家前列。2023年，我重返了我们对口帮扶7年的四川凉山。我看到了偏远地区医疗条件和水平的巨大变化。大病重病在本省解决、一般疾病在市县解决、头疼脑热在乡村解决——三级体系逐步在中国的每一寸土地上成为现实。我一对一帮扶了6年的小兰同学，从一个因为火灾丧失鼻子、嘴巴的怯弱初中生，经过我们上百次的门诊、手术、随访、个性化定制、会诊、远程医疗，到如今成了一个自信的大学生。

小兰曾告诉我，他很希望可以在拿到大学录取通知书的时候拍一张好看的照片留给妈妈，这样无论身处多远，妈妈都可以挂念他，这是唯一能支撑他接受治疗的一束光。而我们帮他照亮了19年来的梦想。"优质医疗资源下沉"或许对于小兰来说是未曾听说过的表述，但这却实实在在地走进了中国每一个"小兰"的生活中。现在，基层医疗设备越来越先进，医疗卫生队伍不断发展壮大，患者看病有医保，遇到疑难杂症还可以进行远程会诊。

卫生健康系统广大青年将坚决贯彻落实党中央决策部署，充分发扬斗争精神、奋斗精神、奉献精神，在党和人民需要的时候冲得出来、顶得上去，用忠诚、担当、尽责，用青春、智慧、汗水，维护好人民群众的身体健康和生命安全；坚持"党有号召、团有行动",在医疗护理主阵地、科研攻关第一线、乡村振兴大舞台砥砺奋进、建功立业,为实施健康中国战略、积极应对人口老龄化国家战略贡献青春智慧和力量。

四、百年坚持:从健康中国到中国式现代化

1954年,毛泽东同志在北戴河慷慨写下"萧瑟秋风今又是,换了人间"。百余年前,一代代中国共产党人将革命火种延续。百余年后作为交医学子的我们,将70年的交医办学使命融会成了八字寄语——"报效祖国,服务人民"。交医人援疆、援藏、援滇、援建,踏入过世界海拔最高的西藏自治区,走入过世界最大的沙漠撒哈拉沙漠,用信念和力量证明了:鸟能飞过的地方,就一定有交大医生!

一份责任,一抹奉献,聚小流以成江海,汇成了一句又一句的"我来"。面对以习近平同志为核心的党中央团结带领全国各族人民接替百年奋斗的火种,我们又踏上了新的赶考之路:加快优质医疗资源扩容和均衡布局,推进健康中国建设,推动人口规模巨大的现代化,推动全体人民共同富裕的现代化,以中国式现代化全面推进中华民族伟大复兴。世路山河险,吾将上下而求索;少年负壮志,奋烈自有新时代。今日交医,红色火种,今日中国,薪火相传!健康中国,青年正出发。

宣讲者手记

有一次,我在延安宝塔山下进行户外的理论宣讲。我还记得当时我讲述的是中国医药卫生事业的发展和变迁,

以及贯穿其中的红医精神、革命精神。宣讲完后大家反应很热烈,也积极提问。有一个老爷爷进入了我的眼帘,大抵是馆内的一个清洁工。他问我:"小伙子,我想问问你,你走遍祖国大地,做过这么多事儿,你这么做到底是图点啥?"其实这个问题我回答过很多次——做有爱心和有责任心的人。但是在那天,面对那时那景,我突然脱口而出:"其实我也没想过要改变什么,但我想您既然问出了这个问题,这恰恰说明我的一言一语一行实实在在地影响到了一批人。"我想这便是我们青年对这个时代最积极的回应。

　　王子硕,上海交通大学医学院口腔临床医学 2021 级硕士研究生

情满交大：
一个少数民族青年的初心与使命

党的二十大报告指出："以铸牢中华民族共同体意识为主线，坚定不移走中国特色解决民族问题的正确道路，坚持和完善民族区域自治制度，加强和改进党的民族工作，全面推进民族团结进步事业。"

2022 年 7 月 12 日，习近平总书记来到新疆大学考察调研，详细了解学校历史沿革和建设、加强人才培养、促进民族交往等情况，听取调研归来的学生谈收获。习近平总书记指出，我国是统一的多民族国家，中华民族多元一体是我国的一个显著特征。各民族大团结的中国一定是无往而不胜的，一定是有着光明未来的。那么我们如何理解中华民族这一概念？中华民族与各民族之间又是什么关系？围绕"铸牢中华民族共同体意识"这一主题，我们可以从"是什么、为什么、怎么做"三个方面来理解：一是中华民族共同体意识的提出，二是为什么要铸牢中华民族共同体意识，三是我们应如何铸牢中华民族共同体意识。

一、中华民族共同体意识是什么？

2014 年 5 月，习近平总书记在第二次中央新疆工作座谈会上提出"中华民族共同体意识"重大论断，指出："在各民族中牢固树立国家意识、公民意识、中华民族共同体意识。"①马克思认为,未来社会的组织形态将是一个"自由人联合体";建立"自由人联合体"这个"真正的共同体",实现全人类的最终解放和使每个人都获得全面而自由的发展是未来社会发展的最高目标。我们对"共同体"并不陌生。习近平总书记提出了很多"共同体"概念:人类命运共同体、地球生命共同体、人与自然生命共同体、人类卫生健康共同体等,其中包括中华民族共同体。

如何理解中华民族共同体? 中国统一多民族国家的局面自秦汉时期起初步形成,经过两千多年绵延至今。尽管中间经历过波折,但统一的多民族国家格局一直是历史发展的主流。习近平总书记在 2014 年召开的中央民族工作会议上指出:"我国历史演进的这个特点,造就了我国各民族在分布上的交错杂居、文化上的兼收并蓄、经济上的相互依存、情感上的相互亲近,形成了你中有我、我中有你,谁也离不开谁的多元一体格局。"②中华民族共同体是拥有着几千年延续不断文明的历史共同体,是56 个民族共同构成的"你中有我、我中有你、谁也离不开谁"的命运共同体。

习近平总书记在 2014 年 5 月提出牢固树立中华民族共同体意识这一重要论述后,同年 9 月,在中央民族工作会议上进一步阐释了相关问题,强调"坚持打牢中华民族共同体的思想基础"。习近平总书记指出:"我们讲中华民族多元一体格局,一体包含多元,多元组成一体,一体离不开多元,多元也离不开一体,一体是主线和方向,多元是要素和动力,两者辩证统一。中华民

---

① 卢黎歌:《新时代推进构建人类命运共同体》,人民出版社,2019 年,第 188 页。
② 习近平:《论坚持人民当家作主》,中央文献出版社,2021 年,第 105 页。

族和各民族的关系,形象地说,是一个大家庭和家庭成员的关系,各民族的关系是一个大家庭里不同成员的关系。"①这段话用一个形象的比喻回答了"中华民族和各民族是什么关系"这个问题。

二、为什么要铸牢中华民族共同体意识?

2023 年 10 月,习近平总书记在中共中央政治局第九次集体学习时指出:自古以来,我国各族人民共同创造了璀璨夺目的中华文明,铸就了伟大的中华民族。我们党历来高度重视民族问题、民族工作,正确处理民族关系。党的十八大以来,我们党强调中华民族大家庭、中华民族共同体、铸牢中华民族共同体意识、推进中华民族共同体建设等理念,鲜明提出把铸牢中华民族共同体意识作为新时代党的民族工作的主线、作为民族地区各项工作的主线,进一步拓展中国特色解决民族问题的正确道路,形成了党关于加强和改进民族工作的重要思想,开辟了马克思主义民族理论中国化时代化新境界,党的民族工作取得新的历史性成就。党的二十大以后,全国各族人民迈上了以中国式现代化全面推进强国建设、民族复兴伟业的新征程,党的民族工作面临新的形势和任务。全面建成社会主义现代化强国,一个民族也不能少。我们要大力促进各民族共同团结奋斗,为强国建设、民族复兴凝聚磅礴力量;要全面实现各民族共同繁荣发展,让各族人民共享强国建设、民族复兴的伟大荣光。

习近平总书记强调:要着眼建设中华民族现代文明,不断

---

① 　张峰:《中国特色社会主义政治制度的伟大创造》,人民出版社,2022 年,第160 页。

构筑中华民族共有精神家园。必须顺应中华民族从历史走向未来、从传统走向现代、从多元凝聚为一体的发展大趋势，深刻理解把握中华文明的突出特性，在新的历史起点上不断构筑中华民族共有精神家园，为铸牢中华民族共同体意识奠定坚实的精神和文化基础。

由上海交通大学发起的"阳光育人"计划自 2007 年启动至今始终突出育人功能，成为上海交通大学铸牢中华民族共同体意识的典型范例。"阳光育人"计划已经成功举办了 16 期，来自上海市 20 余所高校的 400 余位学生与项目结对，和 220 多位来自不同行业的社会导师，160 多位在校博士、硕士研究生助理导师紧密结对。与此同时，"阳光育人"百城千人计划、阳光育人圆梦大学计划，也辐射到苏州、郑州、合肥、济南、成都、新疆等城市。"阳光育人"计划探索出了一条帮助贫困大学生学习成长的新路径，在上海乃至全国都产生了重要的影响。该计划探索了一条助力来沪少数民族大学生成长成才的实践路径，搭建了一个师生教学相长、相互鼓励、共同进步的互动平台，架起了各民族深度交流交往交融的桥梁纽带，播下了民族团结进步的种子，为促进铸牢中华民族共同体意识发挥了重要作用，是上海交通大学民族工作的特色品牌。

民族团结是各族人民的生命线，处理好民族关系始终是国家政治生活中极为重要的内容，对于维护国家统一和社会稳定具有重大意义。中华民族共同体意识是巩固和发展平等团结互助和谐的社会主义民族关系的重要精神力量。只有铸牢中华民族共同体意识，才能增进各民族对中华民族的自觉认同，夯实我国民族关系发展的思想基础，推动中华民族成为认同度更高、凝聚力更强的命运共同体,增强各族群众共同维护国家统一和民族团结的自觉性、主动性。

三、如何铸牢中华民族共同体意识?

习近平总书记在 2021 年中央民族工作会议上指出:"铸牢中华民族共同体意识,就是要引导各族人民牢固树立休戚与共、荣辱与共、生死与共、命运与共的共同体理念。"①"四个与共"的中华民族共同体理念作为一个重大的原创性论断,进一步丰富了铸牢中华民族共同体意识的内涵和意义,是新时代民族理论创新发展的具体体现,也为新时代各族群众铸牢中华民族共同体意识指明了方向。"四个与共"理念蕴含各族人民对中华民族多元一体的体认、情感和态度,对于增进"五个认同"、巩固统一的多民族国家具有重要意义。习近平总书记强调,要全面贯彻党的二十大部署,准确把握党的民族工作新的阶段性特征,把铸牢中华民族共同体意识作为党的民族工作和民族地区各项工作的主线,不断加强和改进党的民族工作,扎实推进民族团结进步事业,推进新时代党的民族工作高质量发展。

上海交通大学不断探索铸牢中华民族共同体意识教育工作的新路径,集全校之力,切实把民族团结进步教育工作往实里抓、往细里做,努力构建各民族互嵌共融的校园环境。努力向全体师生传递民族团结进步理念,积极培养中华民族共同体意识,推动各民族师生相互欣赏、相互学习。

从 2018 年秋季学期起,上海交通大学开始实施少数民族预

---

① 习近平:《论坚持人民当家作主》,中央文献出版社,2021 年,第 327 页。

科生自主培养,编为1个行政班。预科教育始终将立德树人作为根本任务,践行学校"四位一体"育人理念,坚持以"预"为主、"预补"结合,推进价值引领、知识探究、能力建设、人格养成的有机统一,探索构建精细化管理服务育人机制,助力少数民族学子人生启航。

上海交通大学牢固树立"四个与共"的共同体理念,抓实少数民族学生思想政治教育,厚植少数民族学生爱国情怀,提升少数民族学生综合素养。一是完善保障机制:通过设立专项经费,保障少数民族预科班学生资助帮扶,对家庭经济困难学生进行对点帮扶,助力受帮扶的少数民族学子勤奋学习、立志成才。二是突出人文关怀:举办生日会,为异乡求学的少数民族学生带来温暖与祝福,让同学们感受到似家般的温暖,增强班级凝聚力。三是全面掌握动态:通过与预科班学生的谈心谈话,把握学生思想动态,关注学习情况、家庭情况、经济情况,切实解决学生学习或生活的困难。2018年以来,上海交通大学历届少数民族预科学生不仅在预科期间的学业中取得了长足进步,在后续本科期间的志愿服务、各类竞赛、实践项目等方面也取得了优异的成绩,在人才培养、学生管理等方面均取得显著成效,富有交大特色的少数民族预科学生培养体系已逐步形成,从预科班中涌现出了一批少数民族学生优秀典型。

铸牢中华民族共同体意识、推进新时代党的民族工作高质量发展,是全党全国各族人民的共同任务。我们要紧紧围绕、毫不偏离铸牢中华民族共同体意识这条主线,引导各族人民牢固树立休戚与共、荣辱与共、生死与共、命运与共的共同体理念,促进各民族坚定对伟大祖国、中华民族、中华文化、中国共产党、中国特色社会主义的高度认同，扎实推进民族团结进步事业，为强国建设、民族复兴凝聚起团结奋斗的磅礴力量。

今天的中国青年正处在中华民族发展的最好时期，既面临着难得的建功立业的人生际遇，也面临着"天将降大任于是人"的时代使命。希望大家铸牢中华民族共同体意识，构建起维护国家统一和民族团结的坚固思想长城，为实现中华民族伟大复兴不懈奋斗。

宣讲者手记

青年宣讲是打通党的创新理论传播"最后一公里"的重要渠道，是让有信仰的年轻人把信仰讲给年轻人听。作为青年宣讲人，我们要努力把党的创新理论讲得既引人注目，又有指向引路的作用。这需要我们青年积极创新方式方法，经常思考如何让传统宣讲焕发青春活力。从一名交大少数民族学生赴上海求学的自身经历出发，我尝试展现新时代以铸牢中华民族共同体意识为主线的民族工作取得的历史性成就，彰显新时代交大少数民族青年饮水思源、胸怀天下、担当有为的昂扬风貌。

布尔兰·艾依坦，上海交通大学马克思主义学院2021级硕士生

附录

上海交通大学"声入人心"学生理论宣讲团成果展示

（一）务实求索青年化宣讲话语，做宣传创新理论的轻骑兵

"声入人心"宣讲团始终坚持学习贯彻党的二十大精神，牢记习近平总书记的嘱托，在党的领导下，以新时代好青年应有的姿态，在全面深入学习贯彻习近平新时代中国特色社会主义思想的基础上，坚持学思用贯通、知信行统一，以只争朝夕、奋发有为的奋斗姿态，善用青年话语，传递青年温度，讲好中国故事。

截至 2024 年 6 月，"声入人心"宣讲团累计开展宣讲活动 600 余场，时长 3 万分钟，受众达 4 万余人，对象涉及青年学生、党员干部、企业职工、基层群众，足迹遍布北京、上海、新疆、四川、湖南、湖北、江西、河南、陕西、福建、贵州、山西等 25 个省级行政区，积极推动新思想走进大众，事迹先后得到《新闻联播》《光明日报》等平台报道。

党的十九届六中全会召开后，"声入人心"宣讲团精心培训、选派成员参加上海市十九届六中全会精神宣讲志愿者工作。时任上海市委书记李强勉励"声入人心"宣讲团要继续发挥青年宣讲团的作用，把学思践悟落到实处，融入宣讲当中。为迎接党的

二十大胜利召开,"声入人心"宣讲团举办"交辉二十——贺百年芳华　扬青春之声"微宣讲主题活动,结合习近平总书记在沪上的执政经历,充分展现习近平总书记深邃的治国理政智慧和深厚的家国情怀,高质量做好迎接党的二十大的宣讲工作。

党的二十大胜利召开后,"声入人心"宣讲团第一时间发布"献礼二十大"系列宣讲课程菜单并开放线上预约平台,以优质

"声入人心"宣讲团赴北京、西安、成都等地与全国四所交通大学的宣讲团开展交流学习

的课程内容保证了良好的运行质量,得到了广泛的社会认可,面向各界展现出先进集体的社会责任担当。

上海交通大学持续打造"大实践"育人格局,以党建为核心,以"声入人心"宣讲团为依托,为全面深入学习贯彻党的二十大精神,组建"讲好中国故事凝聚青年力量——学习贯彻党的二十大精神上海交通大学学生宣讲专项实践团",组织 102 支团队分赴全国各地,通过实际深入基层、深入行业,了解国情社情民情,涵养家国情怀,将党的创新理论带到基层去、带到祖国大地的田间地头去、带到老百姓的家里去,全面引导青年学子向着新时代的奋斗目标再出发,在实践中爱国立志,求真力行,因实践以明理,借实践以精工,明确强国使命,胸怀时代内涵,为实现第二个百年奋斗目标、实现中华民族伟大复兴做出新的更大贡献。

(二)坚定厚植史料化宣讲素材,做讲好党史故事的宣传员

为庆祝建党百年,2021 年"声入人心"宣讲团积极参加党史学习教育,立足上海这一党的诞生地、初心始发地、伟大建党精神的孕育地,与中共一大会址、二大会址、四大会址、共青团中央机关旧址、上海市中共党史学会等单位共同开展全方位、立体式宣讲活动。

在庆祝中国共产党成立 100 周年倒计时 100 天之际,"声入人心"宣讲团推出"青年话党史,声动树英模——党史故事 100讲"党史学习课程,基于严谨客观的真实史实,以原创漫画、录制音频等形式生动讲述党史上的感人故事,营造浓厚的党史学习氛围。此后,"声入人心"宣讲团继续开展"手绘巨幅长卷、庆祝建党百年"红色党史故事手绘活动,让党史学习教育更富青春气息。

"手绘巨幅长卷、庆祝建党百年"红色党史故事手绘作品（王思懿绘）

2021 年，"声入人心"宣讲团成员获上海市"我们都是答卷人"党史知识竞赛总冠军；"声入人心"宣讲团项目获第十七届"挑战杯"全国大学生课外学术科技作品竞赛红色专项活动一等奖；"声入人心"宣讲团推出的党史故事宣讲得到"学习强国"等平台的关注转发。

（三）广泛融入社会化宣讲课堂，做建设"大思政课"的"助攻手"

"声入人心"宣讲团在注重理论宣讲的同时，不断拓展传播理论的平台和载体，用好社会"大课堂"，让党的创新理论和鲜活的社会实践相结合，以此作为上海交通大学"大思政课"建设的重要载体。

为助力大中小学思政课一体化建设，"声入人心"宣讲团先后与上海市黄浦区教育党工委、黄浦区团区委携手共建区级共产主义学校,走进初高中课堂,在华东师范大学、同济大学第二附属中学、徐汇中学、七宝外国语小学举办了 200 余场宣讲活动。2020 年,"声入人心"宣讲团面向 300 余名高中生开展了 25次线上主题宣讲,带领中学生读原著、学原文、悟原理;2021 年,带领中学生前往"渔阳里"团中央机关旧址纪念馆开展宣讲活动,引导学员与新四军老战士面对面交流,在理论宣讲中培养中学生的爱国情怀与责任担当。

"声入人心"宣讲团注重从火热的社会生活中激扬青春,从党的历史中汲取思想营养,赓续红色血脉,提高宣讲本领。近年来,"声入人心"宣讲团先后赴陕西延安、福建建宁、湖南湘潭、湖北红安、贵州遵义、山西太原等地深度调研,形成系列调研报告(共 15 万字),被多家媒体广泛报道并获学校社会实践特等奖;同时,通过采访革命精神的传承者,形成口述史料与理论内容相结合的系列主题宣讲和视频微党课"青松长青——抢救老战士口述史料,传承新四军铁军精神",获得了良好的社会反响。

"声入人心"宣讲团还推动全国 4 所交通大学成立"交通大

"声入人心"宣讲团赴福建、湖南、江西等地开展调研、实践、宣讲活动

学青年宣讲团",共同开展"交大青年宣讲团爱国主义教育系列宣讲活动",牵头组织全国高校深入学习贯彻党的二十大精神主题巡回宣讲活动。

"交大青年宣讲团"爱国主义教育系列宣讲活动

此外,"声入人心"宣讲团组织清华大学、中国人民大学等14所高校的青年师生代表,开展长三角高校"向新　向质　向未来"青年联合宣讲暨全国高校接力宣讲活动,拉开了长三角高校青年联合宣讲系列活动的大幕,围绕"新质生产力"这一时代主题,将示范宣讲、专题论坛和实践调研深度结合,为各位青年学子提供了宣讲备课的生动鲜活素材,有效凝聚长三角地区高校青年宣讲力量,在交流与合作中推动青年理论宣讲工作走深走实,展现新时代中国青年讲好新质生产力、与时代同向同行的使命担当。

"向新　向质　向未来"青年联合宣讲暨全国高校接力宣讲活动

（四）全力提升分众化宣讲效果，做创新宣讲形式的探索者

"声入人心"宣讲团借助上海交通大学优质师资资源，建立实施名师导学工程长效机制，在名师指导下坚持贴近实际、贴近生活、贴近群众的原则，根据不同受众的理论需求，采取灵活多样的方式，进行有的放矢的理论宣讲。

针对青少年学生，"声入人心"宣讲团善于在"沉浸体验式"宣讲中升华理论认知，带领中学生共产主义学校学员开展红色寻访主题活动，通过按图寻址、语音答题、朗读朗诵等任务，探寻区内红色历史遗迹、缅怀英雄人物。

针对企事业单位的特点，"声入人心"宣讲团善于在"专业性主题设置"下深化理论认识，先后以"科学家精神"为主题走进中国船舶工业集团公司第七〇八研究所、以"上海近代印刷发展史"为主题走进上海中华印刷博物馆等企事业单位进行宣讲，

"声入人心"宣讲团走进大中小学开展宣讲

做到"规定动作"和"自选动作"的有机结合，取得了良好的社会效果。

　　针对基层社区群众，"声入人心"宣讲团善于在"浅入深出"中提升理论素养：在讲清"是什么"的前提下，深入到"为什么"，再提炼出"怎么样"；先后走进上海市江川路街道、吴泾社区、南洋博士新居、徐家汇街道进行宣讲，有力推动党的创新理论"飞入寻常百姓家"。

　　2022 年，"声入人心"宣讲团获评中宣部"基层理论宣讲先进集体"、上海市示范宣讲集体等荣誉称号，学生宣讲荣获第六届和第八届全国高校大学生讲思政课公开课一等奖。2024 年，"声入人心"宣讲团作为唯一学生团队获评上海交通大学"校长奖"。

后　记

本书是集体智慧与辛勤付出的结晶。在此，我们满怀感激之情，向所有给予支持与帮助的单位和个人致以最诚挚的谢意。

首先，感谢上海交通大学马克思主义学院作为本书的坚实后盾，为项目的孕育、成长到最终的成果呈现提供了丰沃的土壤和无尽的动力。特别要感谢的是学院院长邢云文教授、党委书记余新丽老师。另外，我们还要感谢上海交通大学宣传部部长胡昊老师、宣传部副部长周凯老师。你们的远见卓识与高度重视，为本书的出版铺设了坚实的道路，是本书能够顺利面世不可或缺的力量。

同时，我们深感荣幸并满怀敬意地感谢"声入人心"宣讲团的指导老师们。在宣讲一线，你们不仅以精湛的技艺和深厚的学识引领听者，更在书稿的撰写与修改过程中倾注了大量心血。王强教授的智慧引领将生动的宣讲稿转化为更具深度和可读性的书稿，新增的宣讲者手记等板块更是为本书增添了独特的魅力。感谢刘伟、沈辛成、李瑞奇、杨波怡、贾鹏飞、赖锐等指导老师。你们对每位同学书稿的细致指导，如同春风化雨，让书稿内容更加完善，情感更加饱满。此外，学术顾问胡涵锦教授的深入阅读与宝贵建议,更为本书的质量提升画上了浓墨重彩的一笔。

我们还要特别提及那些在学生工作岗位上默默奉献的老师们:时任马克思主义学院副书记张濠老师创立了宣讲团这一闪亮的品牌,任祝景副书记则进一步将其发展壮大,学工办主任杨波怡老师长期以来一直在悉心指导,还有学工办张尤佳、姚远等老师的鼎力支持,都为本书的出版及宣讲团提供了坚实的保障。

最后,感谢宣讲团的团长张浩宸、宋旭东、席蒙蒙以及博士生凌哲宏等同学,在书稿写作和修改过程中的辛勤付出与卓越贡献。是你们的努力与才华,让这本书更加生动、鲜活,充满了青春的气息与理论的力量。

非常感谢上海交通大学出版社对本书出版所展现出的高度责任感与专业精神。钱方针老师、黄婷蕙老师的深入参与和精心指导,无疑为本书的内容质量及呈现效果增添了重要保障。她们的专业眼光以及富有建设性的建议,不仅提升了书稿的学术严谨性,也增强了其可读性和实用性。这对于广大读者而言,无疑是一份珍贵的礼物。

最后,我们满怀着感激之情,向长期以来对"大思政课"建设及"声入人心"宣讲团发展给予深切关怀与支持的领导、老师和同学们表达最诚挚的谢意。正是有了你们的鼓励与支持,我们才能够不断探索创新,将理论与实践紧密结合,以更加生动、贴近学生的方式传播党的理论、路线、方针、政策,激发青年学生的爱国情怀与理论学习兴趣。再次感谢所有给予本书及"声入人心"宣讲团发展关心与支持的人们。你们的每一份努力都意义非凡，你们的关心和支持赋予了宣讲工作深远的意义。正是有了你们的陪伴与鼓励，"声入人心"宣讲团才能在传播党的理论、弘扬时代精神的道路上不断前行，将党的声音传递到更广泛的青年学生中去。

张巍　任祝景

2024 年 6 月